AF382487

Weg von hier!

Vom langsamen Ende einer Jugendbewegung

Teil I

Im Juli 2020
Detlef Zeiler
Gegenwartsforscher

© 2020 Detlef Zeiler

Weg von hier!

Teil I

ISBN: 978-3-347-11010-6 (Paperback)
ISBN: 978-3-347-11011-3 (Hardcover)
ISBN: 978-3-347-11012-0 (e-Book)

1. Auflage 2020

Verlag und Druck: tredition GmbH, Halenstraße 40-44, 22359 Hamburg

www.tredition.de

Weg von hier! – Teil I

Wie lange reicht eine Erinnerung zurück in die Kindheit? Meine ersten Eindrücke bringen mich in einen evangelischen Kindergarten in Angermünde, einer Stadt, die damals noch in der DDR lag. Ich war vier oder fünf Jahre alt, also in einem Alter, in dem man schon über hohe Zäune klettern konnte. Denn obwohl ich der Liebling von „Schwester Ursula" war, bin ich ab und zu während der Pausen im Hof abgehauen, über den Zaun geklettert und geflüchtet. Man musste mich dann in der Stadt suchen oder ich war einfach nach Hause gegangen. Mein ein Jahr älterer Bruder war im Kindergarten geblieben.

Ist das eine „echte" Erinnerung? Oder ist sie durch die Erzählungen der Eltern verfremdet? Auf alle Fälle hatte ich damals noch keine Ahnung von DDR, von deutscher Teilung in Ost und West, von allen Fragen der Politik, die ich heute nicht mehr von den damaligen Eindrücken trennen kann.

Auch bin ich nicht sicher, ob ich ein anderes Ereignis wirklich genauso erlebt habe, wie es später mein Vater immer wiederholt hat: Bei einem Fußballspiel mit vielen Zuschauern habe ich einen aus dem Feld gefallenen Ball genommen und quer über den Platz zu meinem damals schon sehr viel älteren Cousin getragen. Dabei haben mir die Zuschauer aufmunternd zugeklatscht. Vielleicht war mein Vater stolz über so viel positive Aufmerksamkeit – und hat diese Geschichte so oft erzählt, dass sie mir deswegen im Gedächtnis geblieben ist. Sicher hat er mein Interesse schon früh auf das Ballspiel gelenkt.

Es gibt eine andere Erinnerung, die mit wiederholten Erzählungen meiner beiden Eltern vermischt ist: So hat unser berüchtigter Onkel Franz, ein „Volkspolizist", ein Vopo, immer wieder Leute verpfiffen, die Westradio gehört haben. Er soll sich an die Fenster fremder

Häuser geschlichen und dort gelauscht haben. Hat er jemanden erwischt, so bekam er von seiner Behörde Geld, 50 Mark, so sagte man. Meinem Vater drohte er: „Dich Adenauer Anhänger werde ich auch noch erwischen!" Er fragte zuweilen meine Oma mütterlicherseits, was mein Vater denn so im Radio höre. Sie wehrte sich mit dem Hinweis, sie höre doch sehr schlecht, was ja auch nicht gelogen war. Onkel Franz war also für uns Kinder so etwas wie ein böser Zauberer, der viel Macht besaß. Von heute aus gesehen eher ein kleiner Mitläufer, wie es ihn zu allen Zeiten gibt. Das Erfreuliche für meinen Vater war dann aber, dass der Onkel einmal ziemlich verbeult und verschrammt rumlief. Keiner glaubte ihm, er sei lediglich die Treppe heruntergefallen. Man hatte ihn wohl ordentlich vermöbelt. So was scheint es in den 50er Jahren in der DDR noch gegeben zu haben. Allerdings auch das gehört zur Realität der DDR: So wurde 1954 der oben erwähnte Cousin verhaftet, als er zusammen mit einem anderen Jugendlichen nach dem Sieg der westdeutschen Fußballmannschaft im Endspiel gegen Ungarn mit über die Schulter aufgelehnten Spaten salutierte, während im Hintergrund die deutsche Nationalhymne lief. Er verschwand auf Nimmerwiedersehen – und so konnte ich ihn nie kennenlernen. Sehr schade!

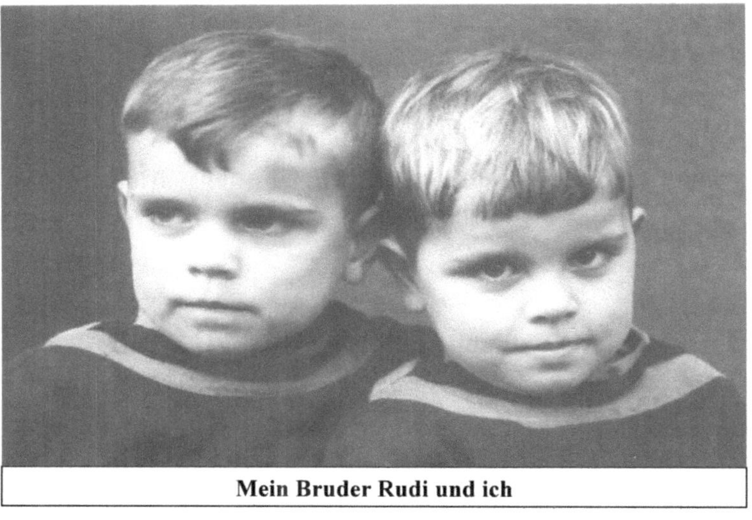

Mein Bruder Rudi und ich

Bevor mein Bruder und ich ins Schulalter kamen, wollten meine Eltern weg, ab in den Westen, wo wir ja auch eine Menge Verwandte hatten.

Es war im Frühjahr 1957, also noch vor dem Mauerbau und der Grenzschließung, als wir dann „Republikflucht" begingen. Zunächst mein Vater, mein älterer Bruder und ich, ein halbes Jahr später meine Mutter und meine jüngere Schwester. Uns Kinder wurde eingebläut, wir wollten lediglich meine Großeltern väterlicherseits in Österreich besuchen, was wir an der Grenze auch genauso brav wiedergaben. Wir glaubten das wirklich, denn wir hatten natürlich gehofft, wieder zu Mutter und Schwester zurückzukommen.

Aber dann fuhren wir zunächst nach Frankfurt, wo wir bei einer katholischen Familie landeten, die uns aber gleich rauswarf, da mein Vater ja evangelisch war. Dieser religiöse Gegensatz hatte sich erst allmählich abgeschwächt, als die deutsche Bevölkerung durch die große Anzahl der Flüchtlinge immer mehr vermischt wurde. Also weiter zu unseren Verwandten mütterlicherseits in das 300-Seelendorf Ebenheid. Dort fanden wir zunächst Unterkunft in einer Art Scheune oder einem Speicher, wo man uns strohgefüllte Matratzen für die Nacht gab. Aber nach zwei Wochen hatten wir eine reguläre Wohnung mit Waschbecken im Flur und einem Klo im Hof, bei dem man, wenn man nach dem Geschäft in die runde Öffnung schaute, unten die dicken Maden sehen konnte. Jedenfalls im Sommer. Im Winter nicht, dafür war es dann von der Kälte her unangenehm, aufs Klo zu gehen. Die Winter waren früher wesentlich härter als heute, die Ortsweiher an beiden Enden des Dorfes waren oft zugefroren – und wir Kinder konnten dort regelmäßig Eishockey spielen. Woher ich die Schlittschuhe hatte, weiß ich nicht mehr, jedenfalls konnte ich ganz gut fahren.

Unsere Wohnung bestand aus zwei Zimmern, einem Wohn- und einem Schlafzimmer. Das war dann zu wenig, als meine Mutter mit der Schwester nachkam. Sie war mit einem Kinderwagen, in dem sie einige Dinge versteckte, nach Westberlin gefahren und von dort nach Westdeutschland geflogen, wo sie und meine Schwester eine Zeitlang in einer Sammelunterkunft leben mussten. Aber schon im Herbst waren wir alle wieder zusammen.

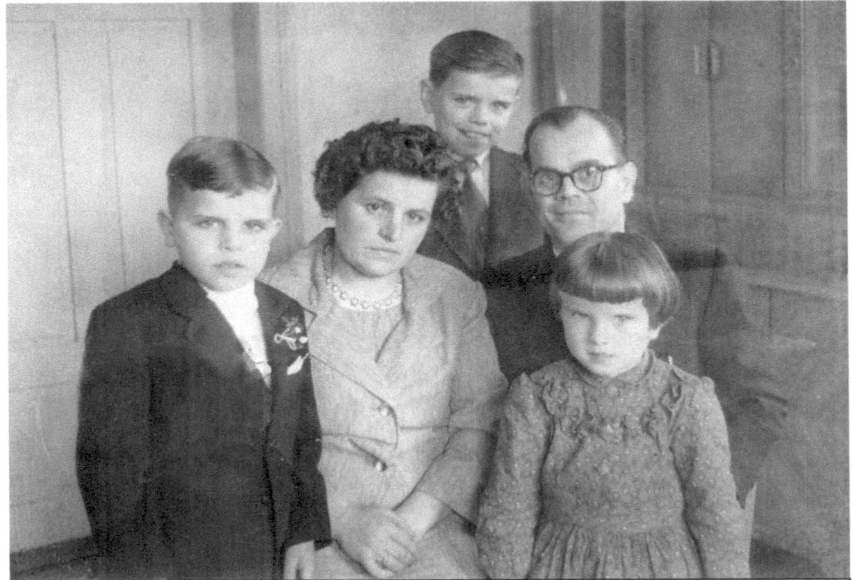

Mein „Weißer Sonntag" – 1959 oder 1960 (v.l.n.r.: Detlef, Mutter Franzis-ka, Rudi, Vater Leopold, Ursula.) Festtagskleidung und Krawatten mochte ich nicht – und das ist bis heute so geblieben.

Wir Kinder sprachen einen Dialekt, den unsere Altersgenossen nicht verstanden – und wir verstanden die nicht. Unsere rasche Integration verdanken wir unserer älteren Cousine Hilde. Da unsere Mutter von Anfang an bei den Bauern mitarbeiten musste, um unser Überleben zu sichern, und da mein Vater tagsüber in Miltenberg in einer Kleiderfabrik arbeitete, war Hilde unsere Ersatzmutter. Da Hilde eine resolute Jugendliche war, die sich Respekt verschaffen konnte, waren wir nicht lange als Flüchtlinge verschrien und wir lernten schnell den ortsüblichen Dialekt. Oft konnten wir bei den Bauern, denen meine Mutter bei der Ernte half, zu Mittag essen.

Besonders in Erinnerung ist mir mein gleichaltrigen Freund Emil geblieben, der mich ab und zu einlud, auf einem Ackergaul namens Bella, die Schöne, ums Dorf zu reiten. Wir hatten uns bei unseren Ausritten geschworen, die Welt zu retten. Daran erinnere ich mich noch. Vielleicht hatten wir das aus irgendwelchen Rittergeschichten übernommen und kreativ weiterentwickelt...

Nach einem Jahr konnten wir endlich in eine größere Wohnung etwas weiter unten im Dorf ziehen, wo wir vier Zimmer hatten – und das Klo war endlich innerhalb des Hauses - im Flur. Gekocht wurde auf einem Holz- bzw. Kohleofen. Auf diesem Ofen wurde auch das Badewasser in einem großen Topf erwärmt und dann in eine Blech-wanne geschüttet, in der wir am Wochenende alle der Reihe nach badeten. Am besten hatten es immer die, die am ersten baden durften, denn das Wasser wurde zunehmend – sagen wir mal - undurchsichtig.

Da beide Eltern arbeiten gingen, waren wir mehr oder weniger Schlüsselkinder. Die Straße und die Umgebung des Dorfes waren unser Spielplatz. Aufgrund meiner Freundschaft mit Emil durfte ich ab und zu bei ihm zu Mittag essen. Seine Mutter mochte mich offensichtlich und hat mich oft eingeladen. Dafür halfen wir Kinder regelmäßig bei der Ernte. Wenn Heu oder was auch immer aufgeladen wurde, durften – oder mussten – wir den Traktor fahren: Kupplung mit dem linken Fuß, dann den ersten Gang rein, 10 Meter weiter vor gefahren, dann wieder Kupplung rein, Bremse mit dem rechten Fuß und Gang raus. Derweilen luden die Erwachsenen das Heu oder was auch immer auf. Ich glaube, wir waren damals maximal sieben Jahre alt, als wir mit dem Traktorfahren begannen. Kinder lernen schnell. Und es gab nichts Schöneres als nachts oben auf dem Heu zu liegen und in die Sterne zu gucken, wenn die Ernte nach Hause gefahren wird. Im Nachhinein gesehen idyllisch. So frei wird keine Kindheit mehr sein wie unsere damals. Es gab damals noch nicht so viele Regeln.

Selbst bei der Beichte in dem katholischen Dorf gab es für uns Kinder unerwartete Freiheiten, wenn man sich einmal an die äußere Form der kirchlichen Vorgaben gewöhnt hatte. Der im Nachbarort Rauenberg ansässige Pfarrer kam einmal in der Woche in unsere kleine Kirche und hielt in der Sakristei, die links neben dem Altar lag, für alle Kinder, welche die Erstkommunion hinter sich hatten, getrennt von den Erwachsenen die Beichte ab. Wenn man am Sonntag die Hostie wollte, um zu zeigen, dass man OK war, dann musste man zur Beichte. Und irgendwas musste man dort bekennen, sonst wäre man unglaubwürdig. Nicht nur ich dachte so, auch mein Freund Emil, denn schließlich waren ja alle Menschen auf dieser Erde kleine oder große Sünder, wie wir im Religionsunterricht erfahren hatten. Also gestand man irgendwas. Bei mir kamen ab und zu „unkeusche Gedanken" vor oder im Wechsel irgendwas anderes, von dem ich dachte, dass es schlecht sein musste. Nur so konnte die Beichte schließlich einen Sinn haben.

In der Kirche, so erinnere ich mich vage, saßen Männer und Frauen getrennt. Das war enger beieinander als heute bei einigen muslimischen Gemeinden, aber es war durchaus auch getrennt. Getrennt saßen auch Kinder und angehende Jugendliche. Für uns Jungens erleichterte dies die Begutachtung der Mädels, wenn sie sich für den Sonntag zurecht gemacht hatten. Sie saßen vor ihren Müttern auf der einen Seite – und wir Jungens saßen auf der anderen Seite. Und so konnte man immer gut sehen, wer ein Auge auf wen geworfen hatte…

Bei uns Jungs gab es immer wieder eine Art Bandenbildung. Ich weiß nicht mehr wer gegen wen, aber es ging immer um „die" gegen „uns" oder „wir" gegen „die". Harmloser als in „Herr der Fliegen", weil ja die Erwachsenen immer in Reichweite waren. Aber die Gegnerschaft wurde durchaus ernst genommen. Ich erinnere mich an mühsam mit Nägeln und Seilen befestigte Baumhütten in der Nähe des Steinbruchs. Dort wurde eine Alarmanlage eingebaut: Ein Glöckchen – oder eine Blechdose – wurde mit einer stabilen Schnur befestigt, die sehr weit bis zu einem Ausguck reichte. War jemand im Anmarsch, dann zog die Wache zweimal kurz an der Schnur. Das nächste Signal zeigte dann an, wie viele Personen kamen. Ein kurzes Signal hieß nur eine Person, drei kurze Signale zeigten drei Personen an. Wir hatten noch andere Signale, die zeigten, ob es jeweils ernst oder harmlos war, also z.B. ein Spaziergänger vorbeikam, aber welche Signale dafür galten, weiß ich nicht mehr.

Geld spielte bei uns keine so große Rolle. D.h. manchmal doch: So war ich oft, Zufall oder nicht, zu einer bestimmten Zeit am Nachmittag, in der Nähe von Erwin H. Er wohnte ein Haus weiter den Berg runter – und war aus meiner damaligen Sicht uralt, so um die 40. Für ihn durfte ich oft Zigaretten holen, es war immer dieselbe Marke, also leicht zu merken. Ich brauchte dann bloß runter zum „Kolonialwarenladen" am unteren „Streckfuß" rennen und bekam bei meiner Rückkehr die damals für mich enorme Summe von 10 Pfennig, d.h. den Gegenwert von zwei Päckchen Brausepulver. Noch heute läuft mir das Wasser im Mund zusammen, wenn ich nur an das bitzelnde Brausepulver denke.

Ähnlich beliebt waren nur die Eisbrocken, die man abstauben konnte, wenn ein LKW große Eisstangen zu einer der beiden Gasthäuser brachte.

Als wir nach einigen Jahren (wir wohnten bereits in einer großen Wohnung) aufgrund der Sparsamkeit meiner Mutter schon etwas wohlhabender waren, konnten wir es uns leisten, ein Schwein im Hof von Onkel Toni schlachten zu lassen, eine Art Schlachtfest zu feiern und danach die haltbaren Teile in einem kühlen Zimmer aufzu-bewahren, das danach immer stark nach geräuchertem Schinken gerochen hat. Soweit ich mich erinnere, machte es keinem der Kinder im Dorf was aus, beim Schlachten zuzusehen. Es war einfach üblich, dass Tiere geschlachtet wurden, dass bei Schweinen die „Fleischbeschau" kam und alles für rechtens erklärte, dass manchmal auch der Polizist Weber aus Freudenberg dazukam, der aus irgendeinem Grund immer genau wusste, wer wann und wo geschlachtet hat.

Der Polizist Weber war eine Respektsperson, nicht etwa, weil er so gesetzestreu war. Im Gegenteil, ihm war schon mal der Führerschein abgenommen worden, weil er sturzbetrunken Auto fuhr, nein, er sah einfach irgendwie furchterregend aus mit seinem stierenden Blick. Irgendwas an seinen Augen war ungewöhnlich und machte uns Kindern Angst. Und, das muss man wissen, er war die einzige Vertretung der exekutiven Gewalt weit und breit, die wir zu Gesicht bekamen.

Von den älteren Jungs waren einige einmal auf die Idee gekommen, sich selbst Hühner zu halten, um sich an den Eiern gütlich zu halten. Das ging eine Zeitlang gut, denn dicht neben dem Steinbruch gab es einen höhlenartigen Kellerraum mit einer Eisentüre, die nie abgeschlossen war. Dort wurde früher einmal Sprengmaterial für den Steinbruch aufbewahrt. Jetzt stand der Raum leer, also nutzten wir ihn für die Hühner. Die Hühner wurden sukzessive irgendwo aus dem Dorf abgezweigt und in die Höhle gebracht. Wie gesagt, das ging nur eine Zeitlang gut. Dann wurde Ludwig erwischt, weil man seine Stiefelspuren verfolgen konnte. Nicht lachen! Er lief mit zwei linken Stiefeln herum, aus welchem verdammten Grund auch immer. Also war er leicht zu erwischen, als der Boden einmal etwas matschig war. Und dann wurden er und mein Bruder vom Bauern Trabold so heftig verdroschen, dass sie alles zugaben und das Abenteuer beendet wurde. Wir hatten das aus der Ferne beobachtet und ich wollte Rudi zu Hilfe eilen, aber Otmar hielt mich zum Glück zurück! Mit den Schlägen war die Sache abgegolten und alles nahm wieder seinen gewohnten Lauf. Hatte man nämlich was angestellt, dann wurde mit Schlägen bezahlt, dafür aber nichts nachgetragen.

Mein Freund Emil hatte nicht nur die schöne „Bella", sondern zu Hause auch ein echtes Harmonium im Wohnzimmer stehen. Irgendjemand in seiner Verwandtschaft war Pfarrer und in dieser Tradition muss das gute Stück mal angeschafft worden sein. Ab und zu versuchte ich, wenn ich Emil besuchte, ein paar Kinderlieder darauf zu spielen. Ich hätte das gerne richtig gelernt, aber damals wäre ein Musikunterricht für meine Familie unbezahlbar gewesen. Emil hat dann – viel später – als Opa alles drangesetzt, dass seine talentierte Nichte alle Unterstützung beim Musizieren und Singen bekam. Als ich dann aufs Gymnasium ging, ich glaube, es war 1963, konnte ich immerhin Blockflöte spielen lernen. - Das Letzte, was uns gemeinsam in Erinnerung geblieben ist, war das Verlassen der Schule im Oktober 1962 mitten in der Unterrichtszeit, als der Lehrer sagte, wir sollten rausgehen und noch einmal die schöne Natur draußen anschauen: Es muss wohl damals gerade der Höhepunkt der Kuba-Krise gewesen sein und Herr Wehrle ahnte, dass im nächsten Weltkrieg Atombomben auf Deutschland gefallen wären.
Ich verlor aber die enge Freundschaft zu Emil. Wir gingen verschiedene Wege. Er musste eine landwirtschaftliche Ausbildung machen, hat eine Zeitlang eine Dorfdisco aufgemacht und später den Bauernhof übernommen. Sein älterer Bruder hatte diese Aufgabe abgelehnt, obwohl sie eigentlich für ihn gedacht war.

Mein Bruder hatte die Probezeit für die Aufnahme ins Gymnasium, die es damals noch gab, nicht geschafft; er zog die Beziehung zu Pauli und seiner Clique den Hausaufgaben vor. Sie kamen nach dem Spielen immer zum Abschreiben der Hausaufgaben zu mir. Aber das half ihnen nicht, wenn eine Klassenarbeit geschrieben oder mündlich „abgehört" wurde. Und so mussten sie wieder zurück auf die „Volksschule" – und später auf die Hauptschule, die damals noch gut ausreichte, um eine Lehre zu machen. Hauptschüler hatten damals noch mehr Chancen auf einen Berufseinstieg als heute. Vor allem im Handwerk oder in Kleinbetrieben konnten sie immer unterkommen.

1960 war noch ein Geschwister hinzugekommen, Thomas, auf den wir Größeren oft aufpassen mussten. Wenn wir mit den selbst zusammengebastelten Fahrrädern unterwegs waren, mussten wir ihn bisweilen mitnehmen, wenn er nicht gerade bei einer Familie am unteren Ende des Dorfes blieb, die ein gleichaltriges Kind hatte.

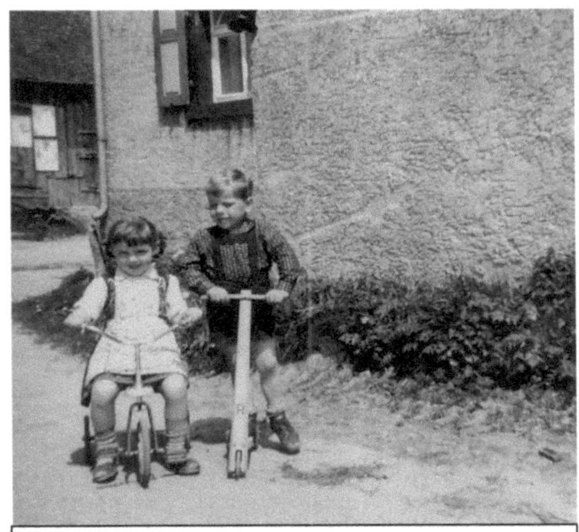

Thomas mit seiner Freundin in Ebenheid

Ich habe dann eine große Obstkiste hinten auf den Gepäckträger geschraubt, ihn dort reingesetzt, mit einem Seil „angeschnallt", und dann sind wir über einen Feldweg bis nach Neunkirchen gefahren. Wie gesagt, es gab damals noch nicht so viele Regeln. Meinem kleinen Bruder hatte die schnelle Fahrt sichtlich Spaß gemacht. Jahre später habe ich ihn dann auf meinem Motorrad mitgenommen, was ihm wohl auch gefallen hat.

Obwohl ich damals von Politik noch nicht viel verstand, sind mir einige Erzählungen der erwachsenen Männer über ihre Kriegserlebnisse in Erinnerung geblieben. Es ging um Kämpfe gegen „den Iwan", „den Ami", „den Franzosen", usw. - also um irgendwelche Kollektivsingulare, mit denen man die Gegner in Gruppen zusammenfasste. Wieso man den Krieg dann doch trotz aller Heldentaten verloren hatte, das konnte ich als Kind nur schwer verstehen. Sie hatten am Ende des Krieges wohl alle gehofft, „der Ami" würde sie einfach übernehmen und sie könnten zusammen gegen „den Russen", also „den Iwan" ziehen. Soviel habe ich damals verstanden. Der Krieg spukte noch einige Zeit in ihren Köpfen. Bisweilen hatten sie über ihre gemeinsame Soldatenzeit Vorteile, wenn sie z.B. an Männer gerieten, die an derselben Front gestanden hatten. Es gab oft spontane Netzwerke, die sich gemeinsamer Geschichten verdankten. So hatte mein Vater einen Vorgesetzten aus der Soldatenzeit in Miltenberg getroffen, der ihm zur Ausfertigung orthopädischer Schuhe verholfen hat, die er wegen seiner Kriegsverletzung tragen musste. Er ist daraufhin in den „VDK" eingetreten (damals als „Verband der Kriegsgeschädigten" gegründet, später ein einfacher Sozialverband) und hat sich zum Ortsvorsitzenden wählen lassen. Netzwerke unter Deutschen waren sehr wichtig in der Zeit des Wiederaufbaus. Die Geschichtsschreibung hat dies m.E. unterschätzt.

Was ich allerdings schräg fand, das war das „Heil Hitler", das ich ein paarmal bei unserem Dorfjäger gehört habe. Für Mädchen galt „Sarah" als Schimpfwort und für Jungens „du Itzig!" Also die Vergangenheit war auch in dieser Hinsicht noch präsent.

Wir Kinder fanden den Kriegsgegner, den „Ami", der hinter unserem Dorf ab und zu Manöver abhielt, trotz aller Erwachsenen-Storys im Grunde sympathisch. Sie warfen uns Kinder Kaugummis und Schokolade von ihren Lastwagen. Und einmal durften wir sogar auf einen Panzer klettern und in einen Hubschrauber steigen. Ich habe auch später, als wir mit Hilfe einer Organisation namens „Neue Heimat" in der Kleinstadt Freudenberg ein eigenes Haus bauen konnten, nur sehr sympathische GIs getroffen. Zwei verschiedene Soldatenfamilien wohnten bei uns zu Untermiete, was mir später beim Englischlernen geholfen hat, denn ich musste mich auf Englisch mit ihnen verständigen. *(Ich erinnere mich an Patrick Nylund, der bei uns wohnte. Mit ihm zusammen konnte ich im Juli 1969 die Landung der Apollo 11 auf dem Mond verfolgen.)*

Nur einmal war ich als Kind sauer auf US-Amerikaner: Ich war in der zweiten oder dritten Klasse der „Volksschule", als auf einmal Christel W., das schönste Mädchen im Dorf, tagelang nicht mehr zur Dorflinde in der Dorfmitte kam. Dort traf sich für gewöhnlich die gesamte Dorfjugend, um Neuigkeiten auszutauschen und aktuelle Hierarchien zu überprüfen. Ich fragte nach und erfuhr, Christel habe einen GI geheiratet und sei in die USA gezogen! Meine Enttäuschung war groß, obwohl ich doch viel zu jung für sie gewesen wäre.

Es war die Zeit, in der ich oft geträumt hatte, ich könne fliegen, über Gegner oder auch nur über Landschaften hinweg, wenn ein Problem auftauchte. Ich musste nur einfach die Arme ausstrecken – und schon flog ich über Berg und Tal.

Als Kinder mussten wir oft auf dem Feld mithelfen. Ich erinnere mich an Kartoffelernten, bei denen ich zusammen mit meinem Freund Emil nach Mäusenestern Ausschau hielt, die von der Erntemaschine aus dem Boden gerissen wurden. Unser Spaß bestand dann darin, jeweils eine Maus mit der Hand zu fangen, ohne von ihren kleinen Zähnen gebissen zu werden. Dann banden wir sie mit einer Schnur am Schwanz fest und ließen sie in Richtung der Mädels losrennen. Ich weiß nicht, ob sie dann aufschrien, weil sich das für Mädels so gehörte oder weil sie wirklich erschrocken waren. Was kann so eine kleine Maus einem schon Böses antun!

Die ersten Volksschulklassen mochte ich nicht, da ich die dort übliche Prügelstrafe abstoßend fand. Die Dorfjugend wurde oft mit einem Stock geschlagen, den bisweilen der eine oder andere „Übeltäter" selbst mitbringen musste. Und da es nur zwei Klassenräume gab, einer für die unteren und einer für die oberen Klassen, bekam man das ganze Elend immer mit. Die Gewaltandrohungen, die hinter allem standen, verleideten mir die Schule, denn ich konnte mich nur freiwillig auf das Lernen konzentrieren. Ich selbst wurde nur einmal verprügelt – und das deshalb, weil ich mich beschwerte, dass der Sohn des Lehrers die „Seifenkiste", die ein Schreiner für alle Kinder des Dorfes gebaut hatte, für sich in Beschlag genommen hatte. Sie stand in der verschlossenen Garage des Lehrers. Solche Ungerechtigkeiten waren mir schon früh zuwider. Das war auch der Grund, weshalb ich nach einigem Zögern die Gelegenheit dankbar annahm, nach der vierten Klasse auf das Gymnasium in Wertheim zu gehen. Damit konnte ich nämlich dem Schulklima, das für mich nach der Prügelorgie des Lehrers verdorben schien, entfliehen. Ich nahm also in Kauf, die alten Freundschaften zu verlieren. Zu meiner Überraschung änderte sich das Lernklima im Gymnasium komplett. Schon vor den Eingriffen der sogenannten 68er öffnete sich das Denken vor allem der jüngeren Lehrer hin zu mehr Freiwilligkeit, Offenheit und Toleranz. Das war auch in Ebenheid so, als dort meine Schwester bei einem jüngeren Lehrer zur Schule ging. Er hatte sich sogar dafür eingesetzt, dass unterhalb des Sportplatzes, auf der „Bullenwiese", ein kleiner Spielplatz für Kinder eingerichtet wurde. Die Wiese war ein Rest von „Allmende", gehörte also der ganzen Dorfgemeinschaft.

Wenn nicht gerade Straßenfußball angesagt war, war im Dorf nicht viel los. Daher habe ich früh angefangen zu lesen. Zunächst Bilder-Heftchen von Sigurd oder Tibor, kleine Serien-Hefte, die man von Zeit zu Zeit bei anderen Kindern austauschen konnte. Dann aber auch Romane. Das erste Buch war sicher „Die Biene Maya". Später aber auch Bücher, die mein Vater tagsüber auf seinem Nachtschränkchen liegen hatte. Es waren Bücher über deutsche Helden im Krieg, über tapfere Piloten von Kampffliegern, aber auch Krimis und Science-fiction Romane. Es war die Zeit, in der man noch Invasionen von Mars-Bewohnern fürchtete, in der aber auch die russischen Fortschritte bei der Eroberung des Weltraums bei uns die Öffnung der höheren Schulen für Kinder aus den unteren Schichten nach sich zog. Man wollte mithalten. Glück für mich, denn so konnten meine Eltern mich aufs Gymnasium schicken. Auf der Fahrt mit dem Schulbus nach Wertheim und wieder zurück nach Hause habe ich dann Hunderte von Perry Rhodan Hefte gelesen, habe dabei die Milchstraße und den Andromeda-Nebel erkundet.

Aus meiner Kindheit sind mir nicht allzu viele Erinnerungen geblieben. Vieles habe ich vergessen oder verdrängt. So z.B. sehe ich nur als vages Bild vor mir, dass ich oft allein im Wald oder im Steinbruch herumlief, während mein Bruder sich gerne Gruppen anschloss. Einmal warf er, um anderen zu gefallen, einen Stein nach mir, weswegen ich mit einer Platzwunde am Kopf zu Hause liegen blieb, bis meine Mutter von der Arbeit zurückkam. Vielleicht hatten er und Pauli sich geärgert, dass sie den Gang aufs Gymnasium nicht geschafft hatten, vielleicht habe ich mich aber auch zu sehr als Außenseiter verhalten. Vielleicht hatte ich mich zu sehr ins Lesen vertieft oder in das selbständige Erarbeiten der Hausaufgaben, für die ich nirgendwo Hilfe erwarten konnte.
In unserem 300-Seelendorf gab es keine Vereine, jedenfalls bis in die 60er Jahre. Deswegen übernahm es Paul M., der allein mit seiner Mutter in einer Wohnung mit Fernseher (!) wohnte, eigene Sportveranstaltungen zu organisieren. Ich hatte mich regelmäßig mit wenigen anderen bei ihm getroffen, um „Fury" oder „Lassy" zu schauen, aber auch die „Olympischen Spiele". Und genau die hatten es uns angetan. Wir wollten alles genauso machen, wie wir es im Fernsehen gesehen hatten. Hochsprung, Weitsprung, Stabhochsprung, 100 Meter-Lauf usw. Dafür durften wir den großen Garten hinter dem Haus selbst umbauen und die dahinter liegende Wiese benutzen. Ich erinnere mich, dass ich mit einer Bohnenstange als Stab über zwei Meter hochgesprungen bin. Alles wurde furchtbar ernst genommen und es wurden Punkte vergeben wie bei den Großen. Mir gefiel, dass klare Regeln vorgegeben wurden und man nicht zuließ, dass geschummelt wurde. Nur die Leistung zählte. Das war nämlich beim Straßenkicken

auf dem sogenannten „Streckfuß" nicht immer so. Da waren die Größeren und Stärkeren oft die, welche die Regeln so auslegten, wie sie es brauchten.

Als wir einmal auf dem kleinen Sportplatz unterhalb der Schule mit zwei Mannschaften ein echtes Turnier austragen wollten, hatte mein Vater sich trotz seiner Kriegsverletzung bereit erklärt, Schiedsrichter zu spielen – so richtig mit Trillerpfeife. Aber er musste das Spiel abbrechen, weil ihm Gewalt angedroht wurde, wenn jemand mit seiner Entscheidung unzufrieden war. Ich hatte das als Demütigung empfunden. Aber Gewalt im Fußball war in einigen Dörfern nicht unüblich. In Eichenbühl, wohin wir zu wichtigen Spielen wanderten, wurde ein Schiedsrichter einmal nach dem Spiel von einer Brücke runter in das kleine Flüsschen hinter dem Sportplatz geworfen. Und auch später, als ich in Freudenberg in einer ziemlich guten Jugend-Mannschaft spielte, war man in einigen Dörfern vor Gewalt-androhungen nicht sicher, wenn Zuschauer mit Schiedsrichter-entscheidungen nicht einverstanden waren. Unserem Rechtsaußen wurde einmal während des Spiels (ich glaube in Altenbuch) ein Knüppel nachgeworfen.

Kann es sein, dass die Erinnerung an ein Ereignis aus der Kindheit genau das Gefühl hervorruft, das man damaligen Zeitpunkt empfunden hat? Jedenfalls meldet sich während ich schreibe, eine Art hilflose Wut zurück, wie sie damals in Ebenheid in mir aufkam: Mein Vater hatte bei der Arbeit eine witzige Bemerkung gemacht, wie sie bei ihm immer wieder vorkamen. Er war halt ein Sprücheklopfer, und mit seinen Sprüchen trug er im Allgemeinen zur Verbesserung der Arbeitsatmosphäre bei. Eine Ria K., die in derselben Fabrik wie er in Miltenberg arbeitete und auch in Ebenheid wohnte, hatte dabei etwas falsch verstanden und sich beleidigt gefühlt. Tags darauf kam ihr Mann, den sie kurz zuvor geheiratet hatte, zu uns in die Wohnung und drohte meinem Vater Schläge an. Er schrie laut herum und ließ meinen Vater gar nicht zu Wort kommen, um den Fall aufzuklären. Mein Bruder und ich standen hilflos dabei und mussten zusehen, wie der Kerl meinen Vater schlecht aussehen ließ. Eine Demütigung! Ich schubste meinen Bruder an, um ihn zur Gegenwehr zu bewegen. Ich wollte den Mann die Treppe runter schubsen, auf dass er sich das Genick breche. Aber mein Bruder machte zum Glück nicht mit und auch mein Vater hielt mich zurück. Für mich galt damals – und noch für lange Zeit, dass die Wohnung ein Schutzraum sei, den man nicht so einfach von außen zerstören dürfe. Sicher hatten Vater und Bruder recht damit, dass sie stillhielten, aber meine Enttäuschung war riesig. Ich empfand das Verhalten dieses Mannes als Demütigung – und da er sich nie dafür entschuldigte, blieb dieses Gefühl bei mir hängen. Bis heute. Aber vielleicht auch nur, weil ich die Erinnerung daran wieder gestreift habe. Vielleicht ist es manchmal besser, Ereignisse zu verdrängen und zu vergessen. Ich kann mir vorstellen, dass andere, die etwas Ähnliches erlebten, deren Väter auf ähnliche Weise gedemütigt wurden, in einem ähnlichen Dilemma stecken. Wurden viele sogenannten „Gastarbeiter" nicht bisweilen auch herabgewürdigt, ohne dass es eine Entschuldigung gab? Mein Vater hatte jedenfalls ein Gespür für die Lage von Außenseitern und lud Ende der 60er Jahre in Freudenberg, in unser eigenes Haus, auf das wir stolz waren, einen jungen Araber (oder Türken?) immer wieder zu uns ein, um sich mit ihm zu unterhalten. Wir Kinder fanden das OK. Erst später habe ich erfahren, dass unser Besuch ein Auge auf meine Schwester geworfen hatte. Sie war aber viel zu jung für ihn!

Neben den Science-Fiction Romanen, die ich zu Hunderten verschlang, war der Fußball meine Heimat, vor allem nach 1965, als meine Eltern nach Freudenberg umzogen, wo sie mit Hilfe der „Neuen Heimat", einer Wohnungsbau-Genossenschaft, ein eigenes Haus bezogen – und wo es einen richtigen Fußballverein gab, mit Spielerpass, rotgrau-gestreiftem Trikot und allem Drum und Dran.

Meistertitel für Jugend des Sportclubs

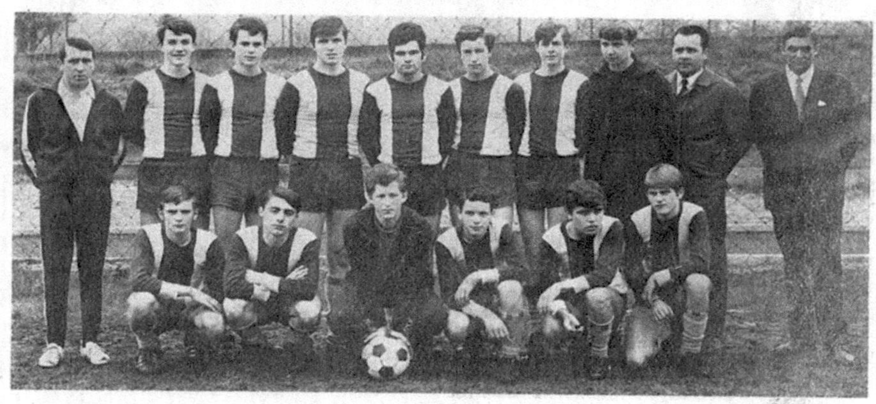

Freudenberg. In souveräner Manier errang die A-Jugend des SC die Meisterschaft in der Gruppe Miltenberg. Ohne Punktverlust überstand die Mannschaft alle 16 Spiele und beendete die Runde mit einem Torverhältnis von 132:13. Am Sonntag gewann die Jugend auch das erste Aufstiegsspiel zur Kreisklasse mit 3:1 Toren. Stehend von links Trainer Walter Lazarus, Erwin Pfeifer, Wolfgang Rauch, Manfred Stapf, Wendelin Karch, Dieter Kirchner, Heinz Mögel, Bruno Mayer, Jugendleiter Walter Kern und 1. Vorsitzender Wolfgang Heinzelmann. — Kniend: Adolf Beck, Klaus Haamann, Adolf Kirchner, Bachmann, Detlef Zeiler und Karl Hubert.

Der Umzug nach Freudenberg war vor allem für meine Schwester eine Befreiung. Jedenfalls hüpfte sie vor Freud im Haus herum, freute sich über das von der Küche getrennte Bad und das Wohnzimmer, von dem man hinaus auf den Balkon gehen konnte. Und vom Balkon aus blickte man hinunter auf einen großen Garten, der von nun an zum Hobby meiner Mutter wurde, die ja als Kind auf dem Land aufgewachsen war und sich mit Pflanzen auskannte. Mein Vater richtete sich eine Schneiderwerkstatt ein und hatte damit auch sein Hobby - bis zu seinem 85. Lebensjahr. Er war gelernter Schneider, verdiente aber weitaus besser in der Möbelfabrik am Ort. Aber so schön die neuen Freiheiten für jeden von uns waren, in der Familie kam man allmählich weniger zusammen, es gab keine gemeinsamen Mensch-Ärger-Dich-Nicht Spiele wie noch in Ebenheid. Jeder machte mehr oder weniger sein Ding. Mein Bruder begann eine Schlosserlehre in einer Metallfabrik auf der anderen Seite des Mains. Ich war mit Gymnasium und Fußball beschäftigt, zog ab und zu mit anderen Jungs hoch auf die Burgruine, wo wir waghalsige Klettertouren im Gemäuer veranstalteten. Was meine Schwester machte, verlor ich aus dem Blick. Wir waren drei Jungs und sie das einzige Mädchen. Und Mädchen fiel damals wie selbstverständlich die Mithilfe im Haushalt zu, der Mutter zur Hand gehen und so. In der Schule gab es damals noch ein Unterrichtsfach, das speziell für Mädchen galt. Also musste diese Arbeitsteilung im Haushalt doch OK sein. So dachten wir. (Vielleicht wissen einige, dass es damals noch keine Spülmaschinen in jedem Haushalt gab.) Ihr Klagen über die Ungerechtigkeiten im Rollenverhalten ignorierten wir Jungs einfach. Es war nicht unsere Welt. So war das damals.

Aber wenn ich diese Erinnerung genauer betrachte und etwas mehr in mich rein höre, dann kommen lästige Bilder und unangenehme Nebengeräusche. Meine Schwester hatte noch keine Ahnung von Theorien der Gleichberechtigung von Männern und Frauen – und so verband sie Ihre Klagen über die ungerechte Arbeitsteilung im Haushalt mit dem Hinweis auf die aufopferungsvolle Arbeit der Mutter, die uns alle Arbeiten abnahm, den Einkauf, die Wäsche, die Haushaltskasse und alles Mögliche besorgte. *(Zu unserem Glück hatte mein Vater nichts mit der Haushaltskasse zu tun! Er bestellte oft Dinge, die meine Mutter heimlich wieder abbestellte, ohne dass er das gemerkt hat.)* Sie war, wie viele Flüchtlingsfrauen, die ursprünglich aus Pommern oder Schlesien stammten, sparsam, fleißig, ja von morgens bis abends ein regelrechtes Arbeitstier. Allerdings konnte sie auch nichts wegschmeißen – und so sammelte sich das Haus bald voll mit allerhand Plunder. Diese Eigenschaft habe ich von ihr zum Leidwesen meiner heutigen Frau übernommen. Na klar: Es war lange Zeit so, dass man alles reparierte, was man erworben hatte, dass eine Zeitlang sogar Schuhe vererbt wurden - und wenn die Sohlen schräg abgelaufen waren, dann ging man zum Schuster und ließ sich neue drauf machen.

Aber zurück zur Geschlechterfrage: Die Klagen der Schwester und ihr Hinweis auf das aufopfernde Verhalten der Mutter bewirkten, dass mein älterer Bruder und ich mit einem schlechten Gewissen rumliefen. Unser Verhalten war objektiv gesehen ungerecht, es gab aber keine Möglichkeit einer Entschuldigung, und damit auch keine Entlastung wie beispielsweise bei einer „Beichte" - also stieg bei uns die latente Aggression, die sich allerdings nur im Ausweichverhalten gegenüber meiner Schwester äußerte. Und mein Bruder, der den Ort nicht verlassen konnte, so wie ich, als ich das Studium in Heidelberg begann, blieb in diesem Dilemma gefangen, da er die Dienstleistungen der Mutter weiter in Anspruch nahm. Ich glaube, erst mein 10 Jahre jüngerer Bruder hatte ein natürliches Verhältnis zum anderen Geschlecht, das nicht von solchen Gewissenssachen überlagert war. Wir älteren Geschwister hatten aus Gründen, die ich bis heute nicht nachvollziehen kann, eine Hemmung, bei mir sogar eine Aversion gegen Umarmungen. Ich kann mich nicht erinnern, dass meine Eltern mich als Kind je umarmt haben. Ich weiß nur, dass ich mich geradezu ekelte, wenn irgendwelche Tanten das versuchten.

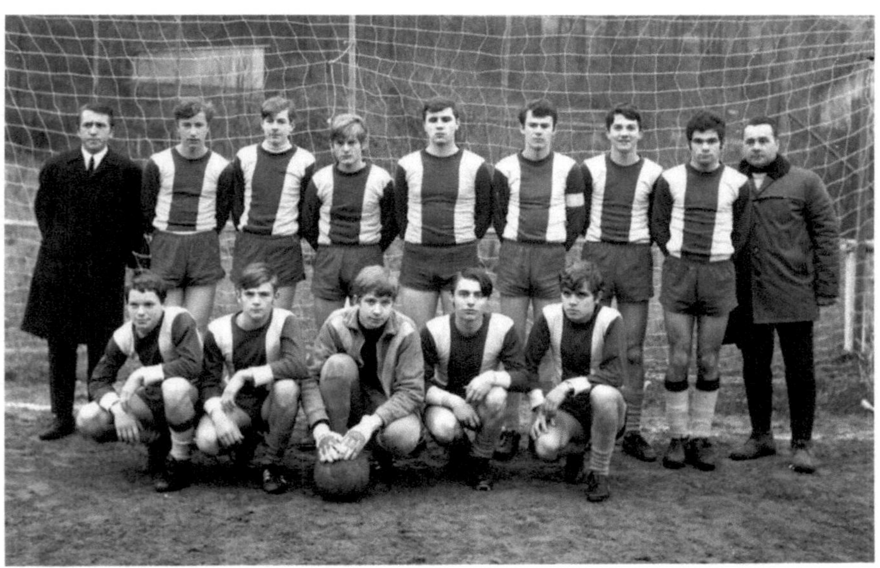

Trotz allem war meine Jugendzeit in Freudenberg ein Erfolgserlebnis, das ich vor allem dem Fußball verdanke. Durch das regelmäßige Training waren die Sportstunden am Gymnasium dann eher wie eine Erholung vom restlichen Unterricht. Lediglich das Schwimmenlernen war dort für mich wichtig, denn in Ebenheid konnte man das in der Kindheit, wo so etwas leichtfällt, nicht lernen. Die Schule hatte eine kleine Schwimmhalle und die Sportlehrer waren in ihrem Job recht gut. Und zur körperlichen Ertüchtigung kamen dann noch die damals üblichen Ferienarbeiten dazu. Vor allem an den Straßenbau in der Sommerhitze erinnere ich mich. Die Arbeit dort war enorm anstrengend. Dafür konnte ich hinterher 6,90 Meter weit springen. Und das mit normalen Turnschuhen – ohne Spikes und Spezialanfertigungen.

Wie viele anderen Kleinstädte hatte Freudenberg damals noch einen eigenen Bahnhof. Der lag auf der anderen Seite des Mains, in Kirschfurt – und damit nicht mehr in Baden-Württemberg, sondern in Bayern. Die Landesgrenze verläuft hier mitten im Main. Neben dem Bahnhof gab es eine Schranke, die vom Bahnwärterhäuschen aus bedient werden musste. Jetzt konnten wir mit einer roten „Bimmelbahn" nach Wertheim fahren und an allen Ortschaften auf der anderen Mainseite sind Schulkameraden hinzu gestiegen. Das hatte nun den Vorteil, dass man Hausaufgaben vergleichen und fehlende Teile noch auf der Fahrt abschreiben konnte. Im Bus auf der Strecke von Ebenheid nach Wertheim war das unmöglich. Zu viele Kurven, zu wenig Bewegungsfreiheit und zu viele Holperstrecken.

Das Dietrich-Bonhoeffer-Gymnasium in Wertheim hatte damals aufgrund der Öffnung der höheren Schulen für das einfache Volk ein gemischtes Publikum: Vom Adel über Industrielle bis hin zu Kindern aus Bauernfamilien und aus der Industriearbeiterschaft war so ziemlich alles vertreten. Und bei den Lehrern gab es auch alle Kategorien: Welche, die den Krieg noch aktiv erlebt hatten – und die man leicht zum darüber Erzählen verlocken konnte, dann sehr strenge, aber auch sehr lockere und großzügige.

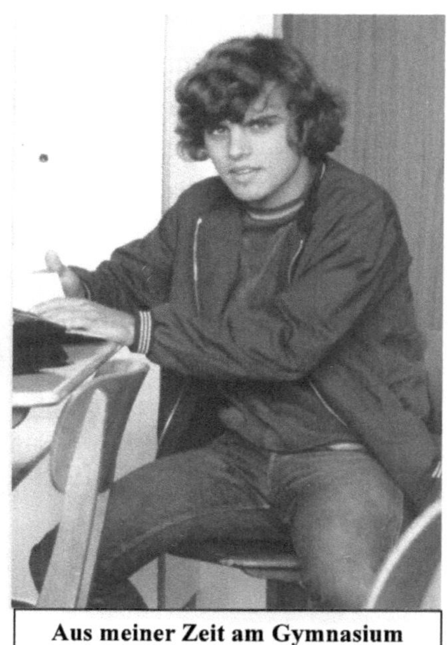

Aus meiner Zeit am Gymnasium

Im Grunde nahm alles seinen gewohnten Gang, bis dann im Februar 1970 die NPD ihren Parteitag in Wertheim abhielt. Wertheim hatte eine braune Tradition, das muss man wissen. Die Stadthalle, in der der Parteitag abgehalten wurde, war mit Stacheldraht abgeriegelt, überall war Polizei und es flogen, wenn ich mich recht erinnere, sogar Polizeihubschrauber über das Gelände, denn es waren große Gegendemonstrationen angekündigt. Fast alle Jungs aus meiner Klasse und auch einige Mädels waren auf der Straße. Auch der junge Graf Löwenstein aus meiner Parallelklasse kam mit seinen zwei jüngeren Schwestern, ließ sich ins Getümmel fahren und auch nicht durch die Tränengasschwaden abschrecken. Ich glaube, einige von uns wurden ordentlich verdroschen, jedenfalls wurde das in den nachträglichen Heldenerzählungen so geschildert.

In Anlehnung an die Studentenbewegung und unterstützt durch drei
Junglehrer hatten wir Oberstufenschüler dann eine Gruppe namens
USI (Unabhängige Schülerinitiative) gegründet, die, wie auch bei der

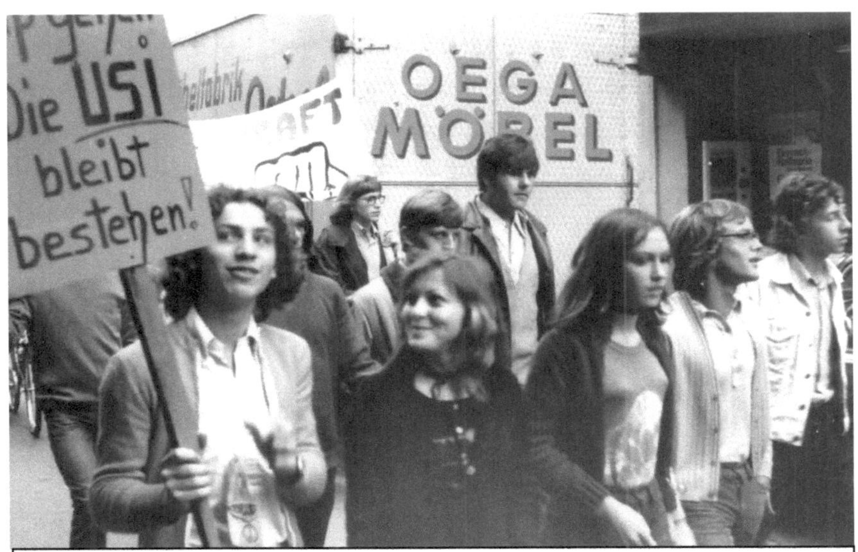

USI: Demonstration gegen die Strafversetzung dreier Lehrer

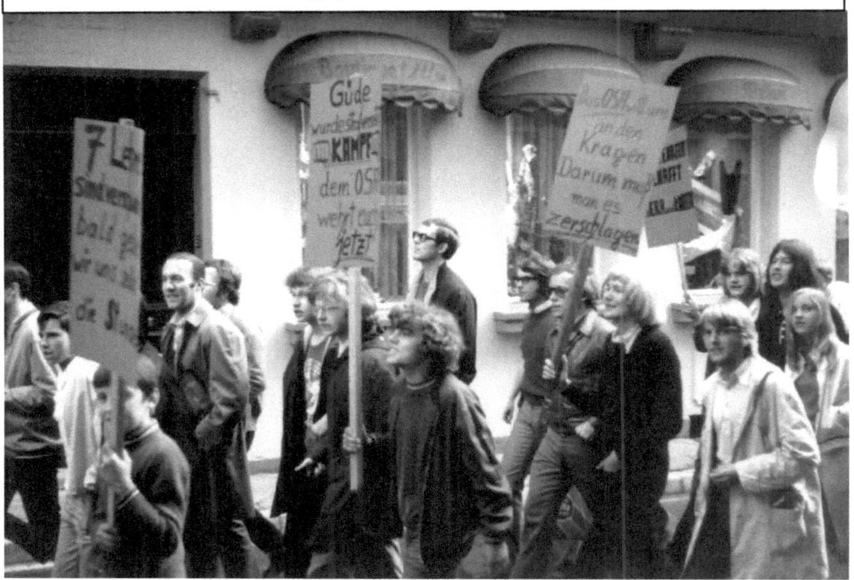

Studentenbewegung in Heidelberg oder Frankfurt, gleich ein paar Wortführer an die Spitze brachte und einigermaßen regelmäßig Flugblätter oder sogar Zeitungen veröffentlichte. Dabei haben uns die Junglehrer unterstützt, von denen einer leicht marxistisch angehaucht war. Natürlich mussten wir auch die linksliberale Literatur, die jetzt mit einiger Verspätung auf den westdeutschen Markt kam, so rasch es ging lesen - und verstehen lernen, warum so viele jungen Leute gegen den Vietnamkrieg und die Unterdrückung der Schwarzen in den USA waren. Wer am schnellsten verstand, worum es der unruhigen Jugend über Wertheim hinaus ging und wer die größte Klappe hatte, der konnte sich an die Spitze der Bewegung stellen. Dabei muss ich aber betonen, dass die Schülerbewegung in Wertheim eher Züge einer Hippiebewegung hatte und im Vergleich zur marxistisch-leninistischen Studentenbewegung in Heidelberg oder Frankfurt eher (links-)liberal und tolerant war. Allerdings auch recht eigenständig, denn wir gingen auch zusammen auf Rock-Konzerte und es gelang uns, Vertreter der Black-Panther-Bewegung aus den USA zu uns einzuladen und im Kinosaal, der uns zur Verfügung gestellt wurde, sprechen zu lassen. Ich denke, das ist über Amerikaner gelaufen, GIs, die eine große Kaserne auf einem Berg bei Wertheim hatten. Es ging damals das Gerücht, in diesem Berg seien unterirdisch Atomraketen stationiert. Über die GIs ist auch billiges Haschisch nach Wertheim gekommen – und über Heidelberger Studenten auch ab und zu etwas von dem (berühmten) LSD, das auf dem Boxberg, einem Heidelberger Stadtteil, von Medizinstudenten zusammengemischt wurde.

Ich selbst fand die Kifferei eher langweilig und zwanghaft, da ich selbst Nichtraucher war und bis heute keine Zigaretten anrühre. LSD habe ich ein paar Mal ausprobiert, es dann aber sein gelassen, als ich später in Heidelberg einmal von einem ehemaligen Klassenkameraden aus Wertheim, der in Heidelberg nur vorgab zu studieren, bei einer Feier in seiner WG ein angebliches Traubenzuckerbonbon

angedreht bekam, das mit LSD präpariert war. Ich bin danach mit meinem blauen Fiat 500 aus Heidelberg-Kirchheim in die Stadt gefahren, habe unterwegs immer mehr bunte Lichter gesehen, die sich bewegten, konnte aber auf dem Uni-Platz normal parken, was damals noch erlaubt war. Dann bin ich für mehrere Stunden ins „Cave" gegangen, das bis spät in der Nacht offen hatte und wo immer coole Musik gespielt wurde. Als ich Stunden später halbwegs normal wieder zu meinem Auto auf dem Uniplatz kam, lief dort immer noch der Motor meines kleinen Fiats und die Türe stand weit offen!
Heidelberg war damals eine sehr sichere Stadt. Keiner meiner Studienfreunde verschloss seine Wohnung. Wenn man jemand treffen wollte und der- oder diejenige war nicht zu Hause, dann ging man in die Wohnung und legte einen Zettel mit einer Nachricht auf den Schreibtisch oder auf das Bett. Auch Fahrräder wurden nicht abgeschlossen. Heute undenkbar.

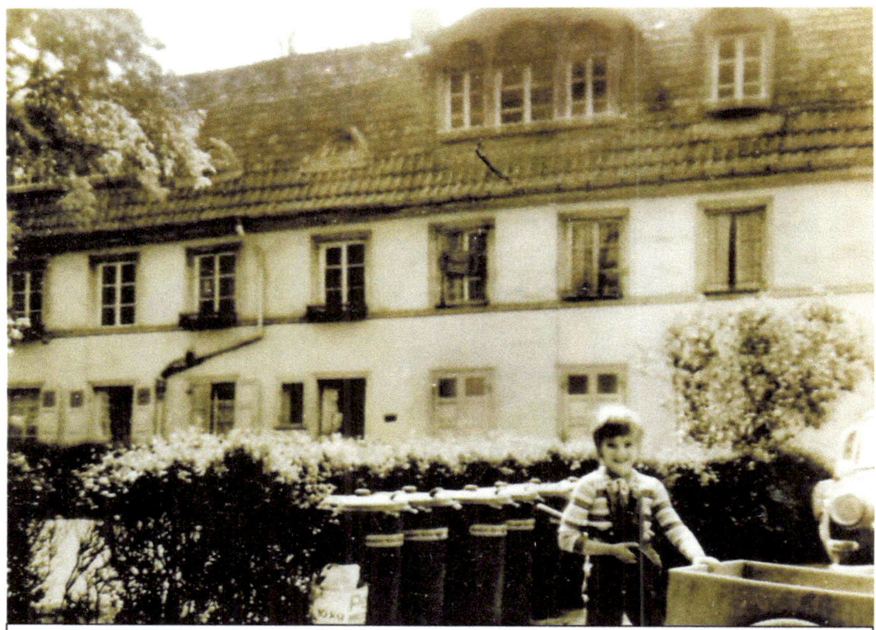

Meine 2-Zimmerwohnung in diesem Hinterhaus kostete in den 70er Jahren nur 120.-DM = heute 60.-€ - Alle Türen standen immer offen!

Von den marxistisch-leninistischen „Kadern" an der Universität wurde die Gruppe am Germanistischen Seminar, der ich mich zugehörig fühlte, „Debattierclub" genannt. Das sollte abwertend klingen, denn man wollte ja irgendwie zur Tat schreiten und nicht bloß rumreden. Wir haben das aufgenommen und uns in Abgrenzung zum „kommunistischen" KBW ironischerweise „Linker Debattierclub" genannt. Mit einigen aus diesem „Debattierclub" bin ich einige Male zu Demonstrationen nach Paris gefahren, was immer ein großes

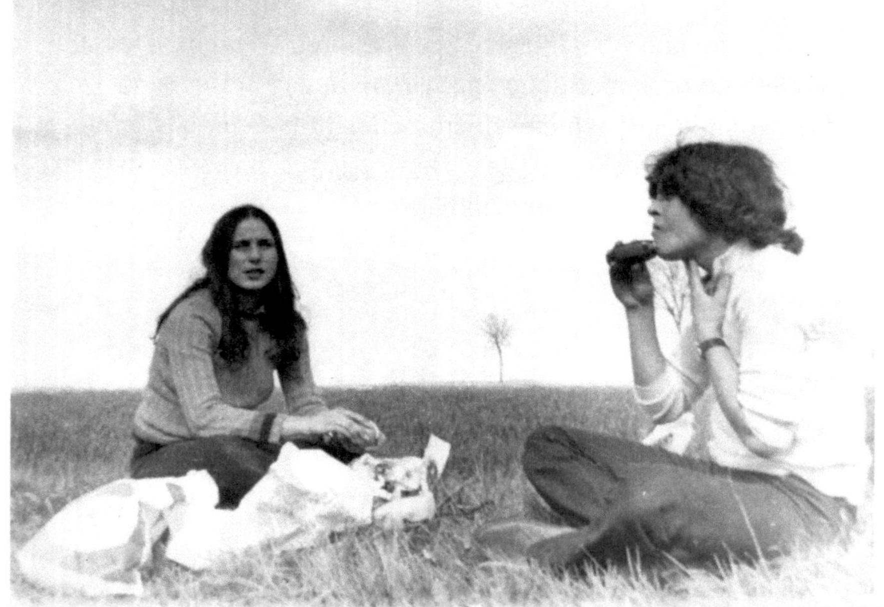

Auf der Fahrt nach Paris mit Lena

Erlebnis war. Ich durfte dort einmal, als ich keine Unterkunft fand, bei Peter Handke übernachten, mit dem ich dann einige Jahre lang in einem regelmäßigen Briefwechsel stand. Handke, der damals schon berühmt war, fand ich völlig uneitel, ein netter Typ aus der Vorgänger-Generation. Nach einigen Jahren haben wir den Kontakt zueinander verloren, was ich auch heute noch bedauere.

Meine Wertheimer-Clique habe ich aus den Augen verloren, wir gingen in verschiedene Richtungen. Eine Zeitlang blieb mir der lockere Bezug zu dem erwähnten „Debattierclub" am Germanistischen Seminar, der vom Heidelberger Schriftsteller Michael B. unterstützt wurde. Michael ist über 10 Jahre älter als ich und wie Handke eher noch der 68er Generation zuzurechnen.

Vielleicht lag es daran, dass ich politische Schriften von Lenin gelesen und anfangs für gut befunden habe. Der Stolz, einen Wissensvorsprung vor anderen zu haben? Könnte sein. Zu meiner Schande muss ich nämlich gestehen, dass ich zwei Jahre lang im Schlepptau der kommunistischen Studentenbewegung mitgelaufen bin; immerhin nicht als Mitglied einer Unterorganisation, aber ohne großen Widerspruch, obwohl doch seit 1968 mit der Niederschlagung des „Prager Frühlings" klar war, dass die leninistischen Gruppen in eine neue Diktatur führen würden, sollten sie je an die Macht gelangen. Und ich hatte schließlich von meinen Eltern, die aus der DDR geflohen waren, erfahren, was ein kommunistisches System für einen freiheitsliebenden Menschen bedeutet. In Wertheim hatten wir alles selbst organisiert, nur unterstützt von drei Junglehrern, die danach strafversetzt wurden.

Meine Freunde aus Wertheim haben schneller als ich begriffen, dass der studentische Leninismus ein Witz war, aus der Mottenkiste der Arbeiterbewegung in die Gegenwart gezogen, in der die Arbeiter von all dem Unsinn nichts wissen wollen. Was sollten wir z.B. anfangen mit folgender Aufforderung eines Joscha Schmierer in der damaligen „Strategiedebatte": *„Die theoretische Auseinandersetzung vorantreiben und die Reste bürgerlicher Ideologie entschieden bekämpfen"?* Welche „Reste" das letztendlich waren, haben die wenigsten Mitläufer begriffen. Schon Mitte der 70er Jahre waren die

Spitzfindigkeiten der linken Sektierer-Gruppen für Studenten aus meiner Generation nicht mehr nachvollziehbar.

Claus-Dieter hat im Germanistischen Seminar einem DKP-Mann eine leere Cola-Dose nachgeworfen, als der mit seinen Propaganda-reden nicht aufhören wollte. Dave, Gustl und Claus-Dieter sind nach Frankfurt ausgewichen, um der Heidelberger linken Szene zu entkommen. Sie fanden es noch nicht mal wert, dem ganzen Spuk etwas Eigenes entgegenzusetzen. Auch Alexander, Lotze-Bub und einige andere, die aus Wertheim kamen, haben Heidelberg verlassen, um anderswo einen Neubeginn zu wagen. Im Nachhinein kann ich das verstehen. Vor allem in Berlin konnte man sich noch für einige Zeit in der Rolle als „Frontkämpfer" der Linken sehen und auf die Heidelberger Provinz herabschauen. Wieso ich den Absprung nicht gleich geschafft habe, kann ich nicht mehr nachvollziehen. Immerhin habe ich mit Johannes H. und Tom-Tom neue Freunde gefunden und auch nette Mädels außerhalb der Politszene getroffen.

Eine Sache hätte ich fast vergessen oder verdrängt, obwohl sie mich langfristig beeinflusst hatte: Kurz vor dem Abitur hatte mich nämlich meine erste Freundin, Ursel M., ohne ein Wort zu sagen verlassen und ich musste erfahren, dass sie zu einem Klassenkameraden überge-laufen war, meinem Motorradfreund, der unter dem Spitznamen „Schöbi" bekannt war. Nach dem Abitur habe ich ihn dann auf einer Feier getroffen, auf der wir uns ausgesprochen haben. Die anderen machten sich einen Spaß daraus, uns immer weiter alkoholische Getränke nachzugießen, während wir ins Gespräch vertieft waren. Er ist dann sturzbetrunken mit seinem Motorrad nach Hause gefahren, während ich mich in einen Nebenraum auf eine Matratze legte. Zum Glück hörte Klaus-Dieter, unser ehemaliger Klassensprecher, mein Stöhnen – und man hat mich den Berg hoch ins Krankenhaus gefahren, wo man mich vor einer ausgewachsenen Alkoholvergiftung gerettet hat. „Schöbi" ist zu Haus beim Abstellen des Motorrads unter das Motorrad gefallen. Ihm ist aber nichts passiert, wie man feststellen konnte, als man ihm am nächsten Morgen darunterliegend geweckt hat. Seither trinke ich nur sehr selten Alkohol. Ursel M. hatte ihn dann kurz danach auch verlassen und ist mit einem Australier in die Ferne gezogen.

In Heidelberg konnte man sich in den 70er Jahren leicht aus festen Beziehungen heraushalten. Es gab die Pille und im Übrigen die kommende „Weltrevolution", an die erstaunlich viele glaubten. Die Mädels in den politischen Gruppen waren für mich tabu, denn dann hätte man sich auch ideologisch festlegen müssen. So verrückt war das damals. Ähnliches galt auch für Mädels aus derselben WG. Es gab Trennungen wegen Richtungsentscheidungen – und in der WG wegen verschiedener Ordnungsvorstellungen!

Mir war es auch ganz recht, wenn z.B. Margit K., die aus Mainz nach Heidelberg kam, dort noch einen anderen Freund hatte, denn das nahm mir die Verantwortung. Dann war da auch was mit ihrer Freundin, die mich mal anmachte – mit dem Fuß unter dem Tisch, während ich mich mit Margit unterhielt, die neben ihr saß. Ich erinnere mich, dass sie einen schnellen BMW fuhr. Es ist mir peinlich, dass ich mich an viele „Beziehungen" nicht mehr recht erinnern kann. Silke E. hatte sich zurückgezogen, vermutlich weil sie dachte, ihr sei etwas Peinliches unterlaufen. Dabei war mir das egal. Die rothaarige Elfi habe ich verlassen, als sie mich einmal mit einem anderen „betrog". Seltsamerweise konnte ich das nicht vertragen, obwohl Eifersucht bei vielen damals als kleinbürgerlich, ja fast spießig galt. Eine beendete Beziehung habe ich nie noch einmal angefangen. Auch nicht bei der blonden Bettina, mit der ich zwei Jahre lang zusammen war. Sie hatte dann eine Affäre mit einem Schreiner, der damals mit Drogen dealte – jedenfalls ging so das Gerücht. Sie, die den ersten Frauenbuchladen in Heidelberg mitbegründet hatte, zog es zu einem „Macho". (*Aber was heißt das schon? Macho. Ich wollte, ich wäre auch mehr Macho gewesen.*)

Ich habe mich daraufhin drei Tage lang in einem dunklen WG-Zimmer weit oben am Schlossberg verkrochen und gelitten. Jemand, ich glaube, es war Johannes, stellte mir immer Essen und Trinken ins verdunkelte Zimmer. Danach war es vorbei – und ich wollte nicht mehr zurück, obwohl Bettina mir versicherte, sie liebe mich noch. Vorbei ist vorbei, so dachte ich damals. Von heute aus gesehen war das die falsche Haltung, die ich mir dann angewöhnt hatte. Denn Jahre später, als ich Angelika getroffen hatte, die nach Aussage aller, die uns kannten, gut zu mir passte und die mich in ein normales Familienleben hätte führen können, habe ich nicht auf sie gewartet, als sie wütend wegzog, weil ich als alleinerziehender Vater meinen Sohn verhätschelt habe. Er hatte, kurz bevor ich Angelika kennenlernte, seine Mutter verloren, die aufgrund einer Psychose in der Klinik gelandet war, wo sie bis heute festgehalten wird. Ich war ihm gegenüber zu nachgiebig, habe ihn nicht mit zu Angelikas Eltern oder Verwandten mitnehmen wollen, weil es ihm einmal dort nicht gefallen hatte. Bei einem gemeinsamen Urlaub mit der Familie ihrer älteren Schwester bin ich mit meinem Sohn einfach weggefahren – zu einem Camping-Platz in Südfrankreich, wo wir uns schon einmal aufgehalten hatten.

Ich war noch nicht verheiratet – und ich hätte Angelika heiraten sollen, aber ich habe nicht gewartet. Und als sie dann zurückkommen wollte, hat sie mich mit einer anderen Frau rumlaufen sehen. Ich Idiot! Ich bin mir heute sicher, dass ich mich ihr gegenüber falsch verhalten habe. Und dabei hatte sie recht mit dem Vorwurf, ich würde mich gegenüber meinem Sohn zu nachgiebig verhalten. Irgendwie war ich falsch „programmiert", genau wie sie. Dabei hatte sie mir erzählt, dass sie als Kind oft weggelaufen war, wenn ihr etwas nicht gepasst hatte. Sie war dann von ihren älteren Geschwistern gesucht worden und nach Hause zurückgebracht. Daran hatte ich nicht gedacht. Sehr ärgerlich! So lange her – und doch noch so präsent.

Zurück in die 70er!

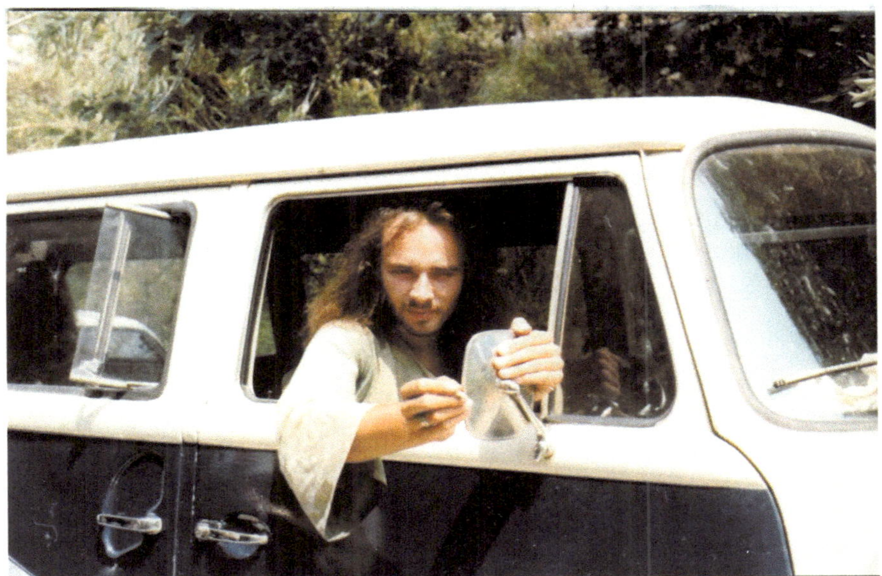

Mit Jürgen Künzig bin ich nach Nizza zu Pavel und Clara Thalmann gefahren. Jürgen war (zu sehr?) der „Romantiker" unter den Wertheimern.

Mitte der 70er Jahre hatte ich ein Buch gelesen, in dem die Lebensgeschichte von Pavel und Clara Thalmann, zwei ehemalige Spanien-Kämpfern, beschrieben wurde. Das Buch war seltsamerweise in einem katholischen Verlag erschienen, was mich verwunderte, denn die beiden verstanden sich als Trotzkisten und hatten Ende der 30er Jahre in Spanien bei den Anarchisten gegen den rechten General Franko gekämpft, der von Hitler unterstützt wurde. Ich hatte sie, zusammen mit Jürgen Künzig, in Nizza besucht, wo ihnen von reichen Sympathisanten ein Häuschen weiter oben in den Bergen geschenkt worden war. Dort trafen sich linke und alternative Jugendliche aus Deutschland, Frankreich, Spanien oder Portugal, die in der Nacht (z.T. bei Lagerfeuer) im Garten Musik machten und über alles Mögliche plauderten. Vor allem die Berichte über die „Nelkenrevolution" von 1974 in Portugal waren für alle spannend, da es damals um die Abschaffung der Salazar-Diktatur ging. Gerade die

Verbrüderung der Menschen mit den aus den afrikanischen Kolonien abziehenden Soldaten wurde überall gefeiert. In die Gewehrläufe waren Nelken gesteckt worden, deshalb „Nelkenrevolution". Die Jugendlichen, die sich bei den Thalmanns in Nizza getroffen haben, erinnerten mich wieder an das selbstbewusste Auftreten von uns Schülern in Wertheim. Ich war stolz, Freunde aus Heidelberg des Öfteren mit nach Nizza nehmen zu können.

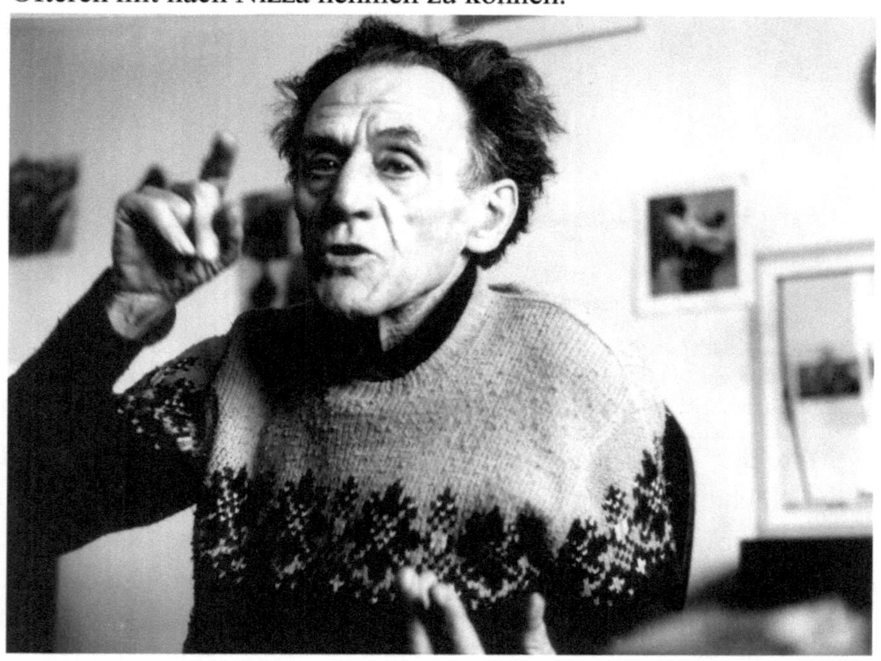

Bei Pavel und Clara Thalmann waren immer Leute dabei, die Gitarre spielen konnten. Ich hielt ab und zu mit der Mundharmonika mit. Zweimal im Jahr – oder auch öfter – habe ich dann einige Jahre lang die Thalmanns in Nizza besucht und ab und zu Freunde aus Heidelberg dorthin mitgenommen. Die Thalmanns hatten in ihrer Jugend für „die Revolution" gekämpft, so wie eben von Zeit zu Zeit eine Generation das alte „System" ablösen und ein neueres, besseres einführen will. Und weil Stalin ein schlechtes Vorbild für den eher freiheitlichen Teil der Arbeiterbewegung war, mischten sie bei den

„Trotzkisten" und dann bei den spanischen „Anarchisten" mit, die gegen den General Franko kämpften. Sie wurden dann von den Kommunisten, d.h. den Stalinisten, in Spanien gefangengenommen, konnten aber nach Frankreich entkommen. Das war in den 30er Jahren des letzten Jahrhunderts, einem Jahrzehnt, in dem bei uns in Deutschland eine national-autoritäre Jugendbewegung das „alte System" zerschlagen wollte.

Es war eine Zeit des Umbruchs – und so eine Zeit schien in den 70er Jahren auch das Weltgeschehen zu dominieren. Ich fühlte mich als Teil dieser Jugendbewegung der 70er Jahre, die glaubte, alles in dieser Welt liefe auf sie zu. Und der (kleine) leninistische Teil unserer Bewegung träumte sicher von der „Weltherrschaft", so wie das seit Jahrhunderten ab und zu in den Jungmänner-Träumen vorkommt - und meist zu schlimmen Diktaturen führt. *(„El sueño de la razón produce monstruos", Francisco de Goya!)* Nur dieses Mal gab es einen großen Anteil von jungen Menschen, die nicht ressentiment-geladen und eher durch Hippiebewegungen und Friedensaktivisten beeinflusst waren, weniger durch Rachegedanken und Macht-fantasien wie nach dem Ersten Weltkrieg. Und das „System" in den westlichen Staaten war stark genug, extremistische Ränder unserer Bewegung einzufangen. Ich denke da an Führungsfiguren wie Willi Brandt.

Pavel Thalmann, den ich für eine Zeitung interviewte, zeigte mir indirekt, wie banal vieles in der idealisierten „Arbeiterbewe-gung" ablief, wie kleinkariert die Machtspiele dort (wie überall) abliefen. Unser kleiner „Debattierclub" hatte Pavel und Clara, die schon um die 80 waren, im November 1976 nach Heidelberg eingeladen. Sie sollten im Hörsaal 13 der Neuen Universität sprechen. Die Veranstaltung wurde durch einen Stoßtrupp der „Kommunisti-schen Hochschulgruppe" (KHG) mit dem lautstarken Sprechchor „Thalmann, Wehner, Brandt – an die Wand!" gestört. Pavel Thalmann hat dies sicher an die autoritären Richtungen der früheren „Arbeiterbewegung" erinnert. Er und Clara verließen enttäuscht den Saal. Damit waren für mich alle Illusionen bezüglich der Renaissance alter Ideen aus der „Arbeiterbewegung" verflogen – und ich widmete mich mehr dem Abschluss meines Studiums der Geschichte und der Literatur. Dabei hat mich dann vor allem der junge Georg Büchner mit dem historischen Drama „Dantons Tod" beeindruckt, in dem er schon am Anfang des 19. Jahrhunderts das Dilemma der intellektuellen Rädelsführer einer „Revolution" beschreibt, die wie Robespierre eine weit in die Zukunft reichende Hoffnung mit Gewalt in ihrer damaligen Gegenwart durchsetzen wollten. Büchner ist im Alter von 23 Jahren gestorben und musste nicht miterleben, wie einige seine Altersgenossen nach ihren aufmüpfigen Jahren in irgendwelchen Amtsstuben oder Pfarreien versauerten.

Die 70er Jahre, das war die Zeit, in der die Stimmung der Jugend in Europa und den USA in Richtung Aufbruch und Erneuerung ging, in der überall gute und bezahlbare Rock-Konzerte liefen, Open-Air und in der Halle. Jazz-Konzerte von berühmten Musikern im „Haus Buhl" in der Heidelberger Hauptstraße 232, denen wir wenige Meter vor ihnen auf dem Fußboden sitzend zuhören konnten. Wer dachte und fühlte, er gehöre dazu, hatte den Eindruck, die Welt werde trotz aller Widerstände immer aufgeklärter und die Diktaturen würden überall zusammenbrechen. Es gab ein Weltvertrauen, wie es komplett im Gegensatz zu heute steht. Aufrichtig-Sein war ein Ziel, das manchen fast schon als Terror vorkam, weil man immer alles begründen musste, auch wenn es einem selbst noch nicht klar war. Der Glaube an die Wissenschaft(en) war anders als heute ungebrochen. Die Zukunft schien dadurch nicht nur im „Westen" offen, es sah so aus, als liefe das ganze Weltgeschehen auf uns Jugendliche zu. In der Musik, im Körpergefühl und im Denken der Mehrheit. Zurück in Freudenberg traf ich mal einen Bekannten und fragte ihn, wohin er denn mit dem gepackten Rucksack auf dem Rücken hinziehen wolle. Antwort: „Ich geh gammeln!" D.h. er zog einfach mal so in die Welt hinaus und ich fand das OK. Wenn es so etwas gibt wie den „Zeitgeist", dann passt der aus den 70er Jahren des letzten Jahrhunderts nicht zu dem, was heute dafürsteht. Es kommt mir so vor, als seien wir irgendwann nach der ersten Euphorie im Jahre 1990, d.h. nach der deutschen Wiedervereinigung, falsch abgebogen.

Dabei gab es bis 1989/90, also vor der deutschen Wiedervereinigung auch viele Projekte, in denen die Stimmung aus den Jahren des Aufbruchs der Jugend noch nachwirkte. So trafen sich Jugendliche aus Städtepartnerschaften mal hier, mal dort, um Erfahrungen auszutauschen. Videoprojekte in Jugendhäusern oder bei freien Mediengruppen gab es nicht nur in Heidelberg. Ich war mitbeteiligt an der Gründung von „Päd-Aktiv", einer Gruppe von Lehrern, denen ich die medienpädagogische Gruppe MOPÄD (Mobile Pädagogen) zuordnete.

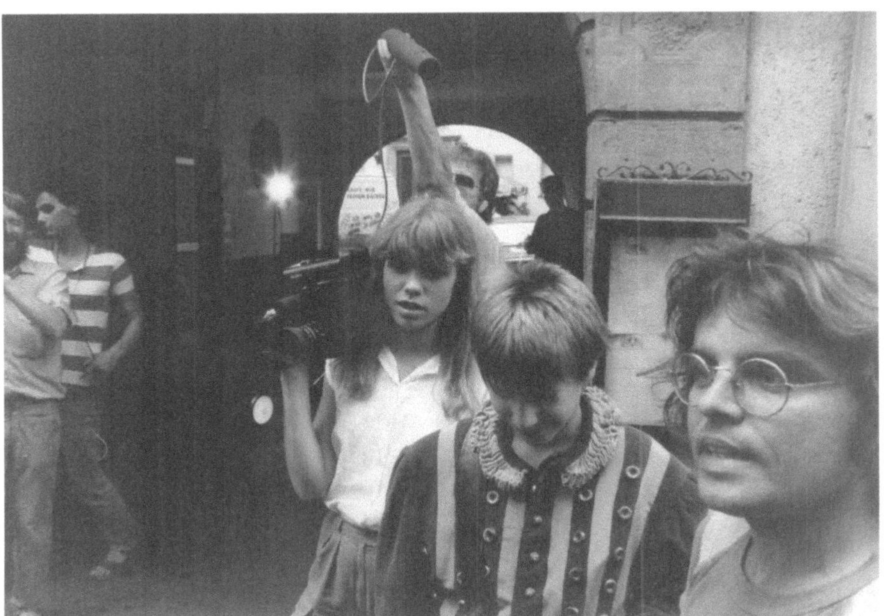

Filmaufnahmen mit Schülern zu „Heidelberg im Mittelalter"

Die Veränderung muss langsam und schleichend passiert sein, denn mir scheint es heute, als hätten wir nicht verstanden, wieso die neuen Formen der Globalisierung im wirtschaftlichen, technischen und kulturellen Bereich nicht mit den aktuellen kulturellen Kompetenzen harmonierten, die ja immer erst nachentwickelt werden müssen. Und manchmal passen Schlussfolgerungen aus früheren Erfahrungen nicht in neue Situationen...

Wir waren die geburtenstarken Jahrgänge, hatten keine Angst vor Schwierigkeiten beim Berufseinstieg, Schulnoten waren vielen nicht so wichtig. Auch ein Hauptschüler konnte etwas werden. Und manche dachten (leider), sie kämen auch ohne Ausbildung ganz gut durch. Na klar, Jobs gab es genug. Arbeitskräfte waren überall gefragt, so sehr, dass Deutschland schon seit den 60er Jahren in fremden Ländern Arbeitskräfte anwarb. Ein Schlagwort, das damals jeden überzeugte, war „Fortschritt", d.h. es schien immer alles nach vorne zu schreiten, hin zum Besseren. Sogar die Atomkraft war allenthalben noch positiv besetzt. Es gab nach den Italienern zunehmend Türken bei uns, die in Deutschland Arbeit fanden. Und da damals die Gewerkschaften noch stark waren, auf starke Arbeitersolidarität bauen konnten - und da die SPD vielen als linke Partei des „Fortschritts" und der internationalen Solidarität galt, hatten die neuen Arbeitskräfte dort eine Art ideelle Heimat, auch wenn ihre deutschen Sprachkenntnisse und damit ihre Integration in die deutsche Gesellschaft noch zu wünschen übrig ließen. Viele Türken wollten anfangs auch gar nicht auf Dauer bleiben. Man sprach noch von „Gastarbeitern", was sicher nicht sehr weitsichtig war. Soweit ich das erlebt habe, verschlechterte sich das Verhältnis zwischen Deutschen und Türken erst nach der Wiedervereinigung im Jahre 1990, vor allem durch die verrückten Anschläge von ausländerfeindlichen Gruppen. Und ausgerechnet in dieser Zeit bröckelte die „Arbeitersolidarität", wurden die Gewerkschaften schwächer und der angelsächsische „Neoliberalismus" verbreitete sich wie eine Seuche.

So kam es, dass gerade als klar war, dass es nicht mehr um „Gastarbeiter" ging, zunehmend der Islam, die Moscheen (und die Türkei) zur Idee von „Heimat" für viele Türken wurden. Zuvor mochten die meisten neu ankommenden Türken die Deutschen und waren dankbar, der aufkommenden Arbeitslosigkeit in der Türkei zu entkommen. Man konnte 1974 trotz des Zypern-Konfliktes zwischen Griechenland und der Türkei, der gerade eskaliert war, locker und gefahrlos mit dem VW-Bus „runter" in die Türkei, sich Istanbul anschauen und weiter an die im Vergleich zu heute noch fast menschenleeren Stränden der Mittelmeerküste fahren. Wir Deutsche waren in der

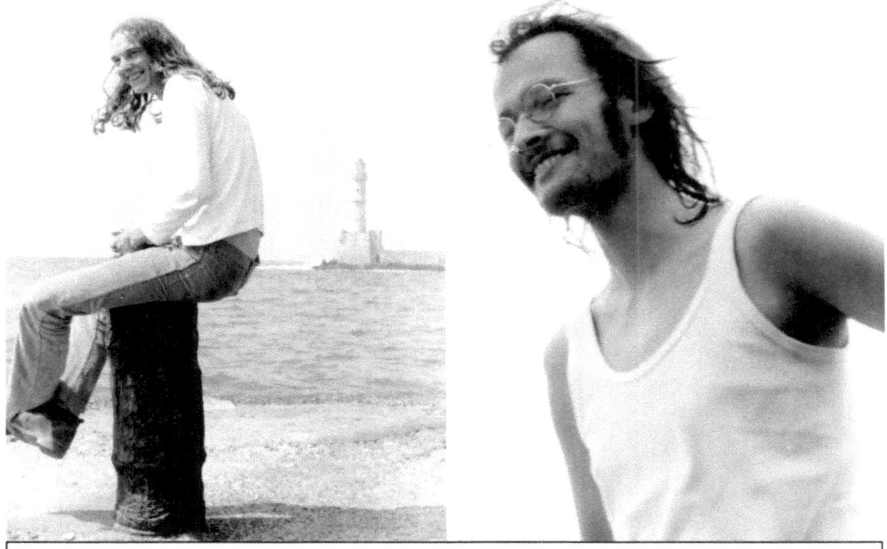

1974: Mit Johannes und Tom Tom in der Türkei

Türkei beliebt, nicht nur als Touristen. Als ich mit Johannes H. und Tom-Tom 1974 dort war, wurden wir gleich am ersten Tag in Istanbul von einem Studenten eingeladen, in der Wohnung, die seine Eltern ihm finanzierten, zu übernachten. Man bewunderte die deutsche Stärke in Wirtschaft und Politik, wobei bisweilen nicht zwischen der Zeit vor und nach 1945 unterschieden wurde.

In Freudenberg waren es lange Zeit nur türkische Männer aus ländlichen Gebieten der Türkei, die zum Arbeiten in die dortige Möbelfabrik kamen. Sie lebten zunächst in einem von der Firma gebauten Wohnheim. Und als dann die ersten Frauen nachkamen und türkische Familien sich eigene Wohnungen in der Altstadt suchten, sah man oft Frauen in respektvollem Abstand hinter oder vor dem Mann herlaufen. Das wirkte fremd – und ich habe erst sehr viel später gesehen, wie hübsch und selbstbewusst türkische Frauen sein konnten. Leider erst viel später! Denn deren Selbstbewusstsein war weniger schrill, wie ich es später bei einigen Frauen in Heidelberg kennengelernt habe.

Zurück in die 70er Jahre: Viele reisten damals ohne eigenes Fahrzeug. Trampen war üblich und einfach. Und auch Reisen in die sogenannte „Dritte Welt" waren unkompliziert und nicht sehr teuer. Für 4000.- DM, also 2000.- Euro konnte ich Ende der 70er Jahre nach Lima fliegen, durch Peru reisen (Machu-Picchu war noch nicht überlaufen),

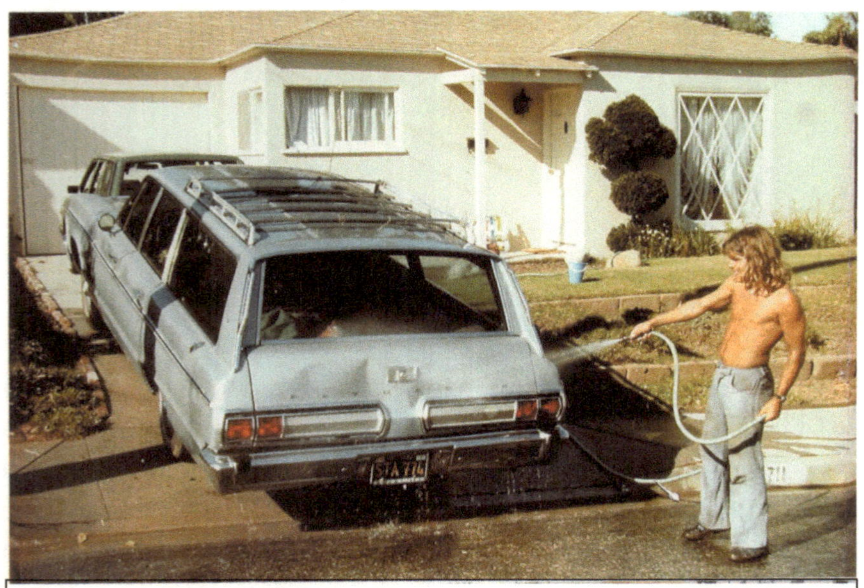

Hier in Los-Angeles bei Eddie und Sonja, die wir auf den Galapagos-Inseln getroffen hatten.

weiter nach Ecuador, für 50.- Dollar hin und zurück auf die Galapagosinseln fliegen, dort eine Woche lang mit einem Boot von Insel zu Insel fahren, dann zurück und weiter nach Kolumbien, von dort nach Guatemala und über Mexiko in die USA. Dort habe ich mit meinem Freund Johannes in San-Diego für 300.- Dollar einen Straßenkreuzer gekauft – und wir sind einen Monat lang durch die USA gefahren, haben das Auto dann in New-York verkauft, sind nach London geflogen und mit dem letzten Geld rüber auf den Kontinent gefahren. Danach ging's per Anhalter zurück nach Heidelberg.

Dort hatte inzwischen Georg, der mich zu Beginn der Reise mit meiner damaligen Freundin an den Flughafen in Frankfurt gefahren hatte, eben diese Freundin, Gila, übernommen. Sie hatte mir vor dem Abflug versprochen, sie wolle mich unterwegs auf der Reise treffen, spätestens dann, wenn ich in Mexiko bin oder in den USA. Schon nach ungefähr einer Woche, nach dem Marsch über den Inka-Trail zu den Ruinen von Machu-Picchu, hatte ich, zurück in Lima, bei einem Telefonanruf an ihrer Stimme gemerkt, dass sie unseren Plan hat fallen lassen. Ich bin daraufhin wie ein Idiot durch die Slumviertel von Lima gelaufen und erst am frühen Morgen ins Hotel zurückgegangen. Danach war die Motivation groß, was Außerge-wöhnliches zu unternehmen: Und das war die Reise zu den Gala-pagos-Inseln, die zu Ecuador gehören. Später, irgendwo in einem kleinen Dorf im Dschungel Kolumbiens, habe ich zufällig (!) eine Gruppe Heidelberger getroffen, die mir von genau der Fete erzählten, an der Georg sich an Gila rangemacht hat. Alles in allem hatte ich aber Glück damit, dass ich sie los war. Sie war selbst dem Medizin-studenten Georg zu langweilig – und sie haben sich nach kurzer Zeit wohl auf seinen Wunsch hin getrennt.

Andere sind nach dem ehemals paradiesischen Afghanistan auf-gebrochen, wo es damals keinen Krieg und keinen Bürgerkrieg gab. Erst ab 1979 fing der Horror dort an und er hat durch die vielen

Einmischungen von außen bis heute nicht aufgehört. Auch Indien war so ein mythologisches Reiseziel. Indien und der afrikanische Kontinent wurden Ziel von Aussteigern und Ethnologen, zu denen auch mein bester Freund Johannes H. zählte, der inzwischen gestorben ist. Von heute, d.h. 2020 aus gesehen waren meine Reisen und die ethnologischen Doktorarbeiten von Johannes über afrikanische Themen auch eine Flucht vor der Erkenntnis, dass ein Lebensabschnitt und zugleich eine Epoche zu Ende war. Was hielt uns ab, zu den „Grünen" zu gehen, die es seit 1980 gab? Oder zu einer eher nur ökologisch orientierten Gruppierung? Vielleicht die Verwunderung darüber, wie schnell diese „Bewegungen" von den ehemaligen Leninisten übernommen wurden, die jetzt zu den Obergrünen wurden, die wir aber gerade noch ganz anders kannten? Vielleicht war es auch die Flucht vor der Erkenntnis, dass wir jetzt eigentlich erwachsen werden sollten?

Vor der Bundeswehr hatte ich mich gedrückt, vermutlich da ich mich irgendwie noch dem „Pazifismus" verpflichtet fühlte. Ich absolvierte stattdessen den „Zivildienst" in einem studentischen Kindergarten. Aber es war ein Fehler, wie ich später schmerzhaft feststellen musste, denn gerade der Weggang aus meinem Umfeld hätte mich damals vor der Beziehung mit Monika M. gerettet, die mich verfolgte, wie es üblicherweise nur Stalker machen. Irgendwann musste es ja passieren, dass jemand genau den schwachen Punkt in dir trifft, den zuvor niemand gesehen hatte. Auch ich nicht. Ich komme darauf zurück.

Wenn mir Heidelberg zu viel wurde, floh ich nach Südfrankreich, wohin ich später, nach dem Tode von Pavel und Clara, immer zum Campen mit meinem 1980 geborenen Sohn fuhr. Leider wurde mein alter VW-Bus, den ich zum Campen ausgebaut hatte und den ich Thomas, einem Schulfreund aus Wertheim, ausgeliehen hatte, genau in Südfrankreich zu Schrott gefahren. Er hatte wohl einen Unfall mit

dem Bus, dann den noch guten Motor ausgebaut, diesen verkauft –
und ich habe nie wieder etwas von ihm oder von meinem Bus gehört.
So etwas gab es auch bei den „Alternativen".
Und wenn ich zurückdenke, gab es schon zuvor, also in den 70er
Jahren, Vorgänge bei den „Alternativen", die gar nicht so alternativ
waren. So wunderte ich mich darüber, wieso einige das
„cool" fanden, dass sie als Linke in einem kleinen linken Buchladen
Bücher stahlen, weil es gerade dort so leicht war.
Noch mehr wunderte ich mich über die kleine „Stadtindianer"-
Gruppe eines gewissen „Caspar", der mit einer Schar Kinder immer
wieder an die Marstall-Mensa kam. Damals galt es offensichtlich bei
einigen „Alternativen" nicht als schändlich, Kinder als sexuelle
Partner auszunutzen. Erst viel später, nachdem die Schweinereien in
kirchlichen und weltlichen Einrichtungen wie der Odenwaldschule
kritisiert wurden, änderte sich die Sichtweise der kritischen
Öffentlichkeit. Die „Grünen" entschuldigten sich für frühere
Stellungnahmen, in denen Pädophilie verharmlost wurde.

Johannes

Johannes H., den ich bereits erwähnt habe, stand mir von allen am
nächsten, die aus den 70er Jahren übrigblieben. Die meisten
politisierten Studenten aus den 70er Jahren hatten inzwischen
geheiratet, waren Lehrer, Juristen, Journalisten, Theologen, Compu-
terfachleute oder was auch immer geworden, wenn sie nicht gerade
in der Universität oder bei den „Grünen" Karriere gemacht hatten.
Wer zuvor schon langweilig oder auch verrückt war, wurde es jetzt
noch mehr. Da half es auch nicht viel, nach Berlin auszuweichen, wo
man sich der Bundeswehr entziehen und leicht von „Stütze" leben
konnte. Gerald, der schon zuvor in Heidelberg mit existentialistischen
Theorien und Drogen experimentiert hatte, hat sich dort umgebracht.
Er hatte sich wie viele andere geweigert, erwachsen zu werden – und

ist damit gescheitert. Vermutlich verlief der Ablöseprozess aus seiner Familie schon in Heidelberg nicht so recht. Anouk, das kleine, schlanke Mädchen aus einer Heidelberger WG, deren Verrücktheit ich für Selbstbewusstsein hielt, hat sich erhängt. Vermutlich zu viel Drogen und ein Protest gegen ihren Vater, so sagte man mir. Sie hatte mir gefallen. Ich hätte sie gerne besser kennengelernt. Einige andere sind gescheitert oder viel zu früh weggestorben - auch Jürgen Künzig, der Träumer aus meiner Wertheimer Zeit, der einige Jahre als Kameramann beim Hessischen Rundfunk gearbeitet hat. Er, der früh seine volle Haarpracht verloren hat, der aber körperlich fit war, ist 2008 im Alter von 55 Jahren gestorben. Von meiner Generation sind mir nur Tom-Tom und Johannes aus dieser spannenden Zeit der 70er Jahre geblieben. Tom-Tom wurde Philosoph und studierte Marx, Hegel und andere Größen, deren Schriften wir für unsere „Bewegung" adaptiert hatten. Er hatte Glück mit einer Frau, die zu ihm passte, und er hat mit ihr eine Familie gegründet. Johannes blieb so radikal im Denken wie eh und je, wurde nicht zum Softi wie andere, die sich als Reaktion auf die Frauenbewegung in händchenhaltende, weinerliche Männergruppen flüchteten, er achtete auf Distanz – auch als Freund – so wie ich es mochte. Kein Händeschütteln, keine Umarmungen! Wir sind 1978 zusammen nach Südamerika geflogen, um dem Elend der gescheiterten Studentenbewegung zu entfliehen und die alten Gesichter, die uns an den Unsinn, den auch wir mitgemacht hatten, für eine Weile nicht mehr sehen zu müssen. Vielleicht aber auch, um noch einmal Abstand zu bekommen zu der Frage, wie wir ins Erwachsenenleben einsteigen wollten. Wir haben uns bei dieser verrückten Reise gut ergänzt.

Schon kurz nach der Landung auf dem Flughafen Jorge Chavez in Lima haben wir uns von zwei Mädels aus Heidelberg abgesetzt, die ich als politisch engagiert kannte. Ich hatte Angst, sie würden sich an uns hängen. Wir fuhren mit dem Taxi in die Innenstadt, vorbei an

Hauswänden voller Streikparolen, Grüppchen von Militärs vor Fabrikeingängen, Bussen mit eingeschmissenen Fenstern, Verkehrspolizisten, die mit ihren nichts bewirkenden Trillerpfeifen in dem Chaos um sie herum lächerlich wirkten. Auf der „Plaza de Armas", vor dem Präsidentenpalast, wurden gerade alle Bäume gefällt, damit kein Demonstrant mehr Schutz suchen kann. 50 Tote soll es bei einem kürzlichen Aufruhr gegeben haben.

Auf dem Weg in ein preisgünstiges Hotel haben wir einen Jugendlichen getroffen, der uns einlud, mit in sein Haus zu kommen, das in „Miraflores", einem besseren Stadtviertel lag. Er kannte die Namen der deutschen Nationalspieler im Fußball und da ich selbst Fußball spiele, hatten wir einiges zu erzählen. Überhaupt kannten alle Kinder und Jugendliche, die wir in Südamerika trafen, deutsche Fußballer. Wir konnten in dem Haus des jugendlichen Peruaners übernachten, aber meine blauen Adidas Sportschuhe, die ich während der ganzen Reise trug, habe ich ihm trotz seiner hohen Angebote nicht verkauft. Tags darauf mussten wir im Zentrum der Stadt vor einem Militärkonvoi in den ersten Stock einer Gaststätte flüchten – und trafen dabei auf zwei junge Männer, Studenten, die wie wir die Haare länger als der Normalbürger trugen. Lange Haare und dann auch noch Rucksack, das war damals eine Art Erkennungszeichen. Sie luden uns ein, am Abend einer Musikvorführung beizuwohnen, die dann auch wirklich sehr gut war: Eine Gruppe Indios spielte auf Pan-Flöten und in den Pausen unterhielten wir uns über die Ungerechtigkeiten der Politik und darüber, wie wichtig es sei, die Kultur der Inkas zu erhalten. Hier kam uns zugute, dass wir uns in allen linken Theorien gut auskannten, dass wir Marx, Lenin und Mao gelesen hatten. Es war klar, dass sie einer politischen Bewegung angehörten. Ich habe das erst einige Zeit nach diesem Treffen in Zusammenhang mit dem „Leuchtenden Pfad" gebracht, dem „Sendero luminoso", einer maoistischen Rebellengruppe, die in den Jahren darauf weltweit bekannt wurde.

Wir sagten den Studenten, wir wollten in den nächsten Tagen weiter zum „Inka-Trail“, also dem Dreitagemarsch zu den Ruinen von Machu-Picchu. Das war unser Glück. Denn aufgrund von diesem Treffen waren wir wohl angekündigt und geschützt, anders als die vier Medizinstudenten, die dort etwas vom Weg abkamen und vermutlich von Indios überfallen wurden. Später, als wir von unserem Ausflug über Cuzco nach Machu Picchu zurückkamen, hatten wir in einem Hotel in Limas Einkaufsstraße Jiron de la Union, in einer deutschen Zeitschrift gelesen, dass nur einer von ihnen entkommen ist, während die anderen geköpft wurden. Auch uns waren auf dem Trail Indios entgegengekommen, die mit Macheten bewaffnet waren. Aber sie sind wortlos an uns vorbeigelaufen.

Wir hatten von diesen jungen Rebellen in Lima noch eine Adresse mitbekommen von Freunden, die wir unbedingt vor unserem Fußmarsch nach der erst 1911 entdeckten Ruine Machu Picchu besuchen sollten. Das war dann in einem Dorf in der Nähe von Cuzco, dessen Name ich vergessen habe. Man hat uns dort gezeigt, wie Chicha hergestellt wird, also das einheimische Mais-Bier. Zum Glück hatte ich es schon davor getrunken, denn nach der Einführung in diese Art der Bierherstellung hätte ich kein Schluck runter bekommen. Es saßen alte Frauen im Kreis und spuckten in einen Kessel, um den Sud zu „fermentieren“ – so viel habe ich verstanden.

Der Aufstand der Indios, angeführt von linken Intellektuellen, war im Grunde genauso kurzsichtig wie unsere „Studentenbewegung“ in Deutschland, nur waren wir – abgesehen von der RAF – zum Glück nicht so weitgehend zur Tat geschritten wie der „Leuchtende Pfad“, haben nur gegen Kriege demonstriert und die Vorlesungen von konservativen Professoren gestört. Ich bin einmal, ich glaube, es war 1973, als Mitläufer in einem linken Stoßtrupp in den Hörsaal im Hauptgebäude der Neuen Universität gelaufen, wo man einem konservativen Professor Fragen zu einem politischen Problem stellen wollte. Unsere Rädelsführer ließen den guten Mann, der durchaus bereit war zu sprechen, aber gar nicht zu Wort kommen. Er wurde mit irgendwelchen Sprechchören niedergeschrien. Wenn ich jetzt daran zurückdenke, dann ist mir das peinlich, denn der Professor ist sicher schon lange tot – und es gibt keine Möglichkeit, sich für den Blödsinn zu entschuldigen, den man in typischer jugendlicher Unbefangenheit mitgemacht hatte. Dasselbe gilt für die Kritik am damaligen Oberbürgermeister Reinhold Zundel, der trotz einiger Bausünden in der Stadt, die er mit verantwortet hat, sicher redlicher war als viele von uns Studenten. Sich für ein Unrecht nicht entschuldigen zu können, Entlastung nicht durch ein Geständnis zu bekommen, verstärkt normalerweise den Hass auf das Opfer, dem man Unrecht angetan hat. Täter hassen das Opfer umso mehr, gehen dabei oft umso wilder gegen es vor, je sinnloser ihre Tat ist. Das hatte schon Thomas Hobbes beschrieben, der den 30-jährigen Krieg erlebt hatte. - Oder aber das Unrecht lähmt den Täter, der im Nachhinein ahnt, dass sein Opfer unschuldig war. (Eine Ausnahme bilden nur ausgesprochene Psychopathen, die sowieso nie von Gewissensbissen geplagt werden.)

Unsere Reise nach Südamerika war wohl eine Art Flucht vor einigen Ungereimtheiten in unserer Biografie, einem Lebensabschnitt, den wir – wie viele andere – gerade noch heroisiert hatten, dessen moralische Grenzen wir jedoch erahnten. Was uns, wie viele andere Jugendliche in diversen linken „Bewegungen" damals gereizt hat, war wohl die Möglichkeit, selbst etwas in die Hand zu nehmen, zur Tat zu schreiten und das Gefühl dabei, im Mittelpunkt von etwas umwälzend Neuen zu stehen. Die Theorien drum herum waren im Grunde egal, so egal wie sie bei Jugendbewegungen zu allen Zeiten sind. Das wurde von meiner Generation genauso wenig bedacht wie von der Generation unserer Eltern, die die 30er Jahre erlebt hatten und zu Mitläufern wurden – und womöglich genauso wenig wie von heutigen Jungmännern, die sich von den Möglichkeiten der digitalen

Menschensteuerung faszinieren lassen. Im „Spiegel" sah ich mal eine dicke Überschrift, die sich mir eingeprägt hat: „Jungmänner, die gefährlichste Spezies der Welt!" Mit ihnen organisiert man Aufstände, führt man Kriege, mobbt man Leute oder zersetzt ganze Gesellschaften oder Staaten. Dieses Schicksal ging zum Glück an meiner Generation vorbei.

Der „Leuchtende Pfad" in Peru war uns im Grunde egal. Interessant blieb für mich nur die Idee der „Heimatkunde", die er für mich verkörperte und die ich dann in den 80er Jahren auf harmlosere Weise in Heidelberg mit Schülern umgesetzt habe: Zusammen mit den „Mobilen Pädagogen" (MOPÄD) stellte ich mit der Hilfe von Experten der Lokalgeschichte aufwändige Filme her zur Geschichte des „Heiligenberges", zu „Heidelberg im Mittelalter", zur „Schulgeschichte" und zur Stadtteilgeschichte. Dabei nahm ich keine Rücksicht darauf, ob bei den älteren Experten auch Leute dabei waren, die im „Dritten Reich" Mitläufer waren. Die Geschichte des „Dritten Reiches" wurde seit den 80er Jahren von vielen davor eher ängstlichen Intellektuellen bearbeitet, die über dieses Thema Karriere machten oder sich für die Verbreitung von „Betroffenheit" zuständig fühlten. Das war in Ordnung, aber es passte nicht zu mir. Ich habe nach den positiven Seiten in unserem Land gesucht, wollte aktiv etwas Neues machen und mich aus der überall zur Mode gewordenen „Betroffenheit" heraushalten, die in den 80er Jahren an allen Ecken unseres Landes aufgekommen war. Dieser leicht gefühlsduselige Kult hat mich genauso abgestoßen, wie er die „Punks" abgestoßen hat, eine Jugendkultur, die in den 70er Jahren entstanden ist und sich in den 80er Jahren über die ganze Welt verbreitet hat. Der Punk war jedoch eine Jugendkultur – und ich war kein Jugendlicher mehr, genauso wenig wie Johannes einer war.

Unterwegs auf einer längeren Reise braucht man über solche Dinge nicht nachzudenken, weil jeden Tag ein neues Problem zu lösen ist. Also weiter! Auf nach Cuzco.

Die Fahrt in die hochgelegene Sierra, dem eigentlichen Kernland Perus, dauert bis zum späten Nachmittag. Die Bahn überwindet bei der Station Galera eine Höhe von 4830 Metern. Das steht angeschrieben. Mir wird aber schon bei 4000 Metern dermaßen übel, dass ich dem alten Indio-Doktor dankbar bin, als er mir mit einem seltsamen Blasebalg Luft in die Nase bläst, was mich tatsächlich belebt.

Wieder weiter unten, auf 3000 Meter Höhe, in Huancayo, beginnt für uns der Ärger mit Flöhen, die überall in Hotels, Bussen, Kinos anzutreffen sind. Allerdings springen diese bei der 15-stündigen, entsetzlichen Nachttour nach Ayacucho mit dem Bus wieder ab, einfach so. Ich vermute, es ist der ständige Höhenwechsel, der sie vertreibt: Mal rauf auf 4000 Meter, dann wieder runter in der eiskalten Nacht, in der ich kein Auge zumache, denn die beiden Busfahrer rasen dermaßen schnell über Schotter- und Felspisten, hart am Rande von tiefen Abgründen, dass man sich nicht wundern muss über die vielen tödlichen Unfälle auf dieser Strecke. Vorne, am Rückspiegel neben dem Fahrersitz baumelt eine Kette mit einer Muttergottesfigur. Ich glaube, sie vertrauen darauf, dass die Gottesmutter Maria sie in jedem Fall beschützen würde. Sonst würden sie langsamer fahren.

Die Fahrt von Ayacucho mit dem Bus nach Cuzco soll spottbillig sein, allerdings über 20 Stunden dauern und über noch holprigere Straßen führen, als wir sie bisher kennengelernt hatten. Also nehmen wir das auch nicht wesentlich teurere Flugzeug.

Cuzco:

Auf der breiten Straße hinunter zur Hauptpost von Cuzco spricht mich ein aufgeregter junger Franzose an. Ihm sei auf dem Marktplatz, in der Nähe der Machu Picchu Bahnstation eine Tasche, von ihm unbemerkt, mit einer Rasierklinge aufgeschlitzt worden. Sein gesamtes Bargeld, knapp 300 Dollar, und sein Adressbuch seien verschwunden. Er verflucht in einem fort diese Stadt, die mir mit ihrer schönen Kathedrale im Stadtzentrum und der Sacsayhuamán-Festung so gut gefallen hat. Auf der Post treffen wir noch mehr junge Franzosen, Rucksacktouristen, die alle kein Spanisch sprechen.

Auf dem Hügel über der Stadt liegen die zickzackförmigen Mauerreste der Inkafestung Sacsayhuamán. Bis zu 6 Meter hohe und 50 Tonnen schwere Steinblöcke – und das, wo die Inkas weder Räder noch Flaschenzüge als Hilfsmittel kannten, wie man uns sagte. Und doch hat der spanische Haudegen Pizarro die Stadt Cuzco (was in der Inka-Sprache so viel heißt wie „Nabel der Welt") 1533 ohne große Schwierigkeiten eingenommen; und das riesige, autoritär geleitete Reich der Inkas ist schnell zusammengebrochen.

Kurz vor „Inti-Raimi", dem von einheimischen Lehrern neu organisierten Sonnenfest der Inkas, also kurz vor dem 24. Juni, haben wir uns einige Vorbereitungsveranstaltungen angeschaut und sind dann abgereist zur 1911 entdeckten Inka-Ruine Machu-Picchu, die an

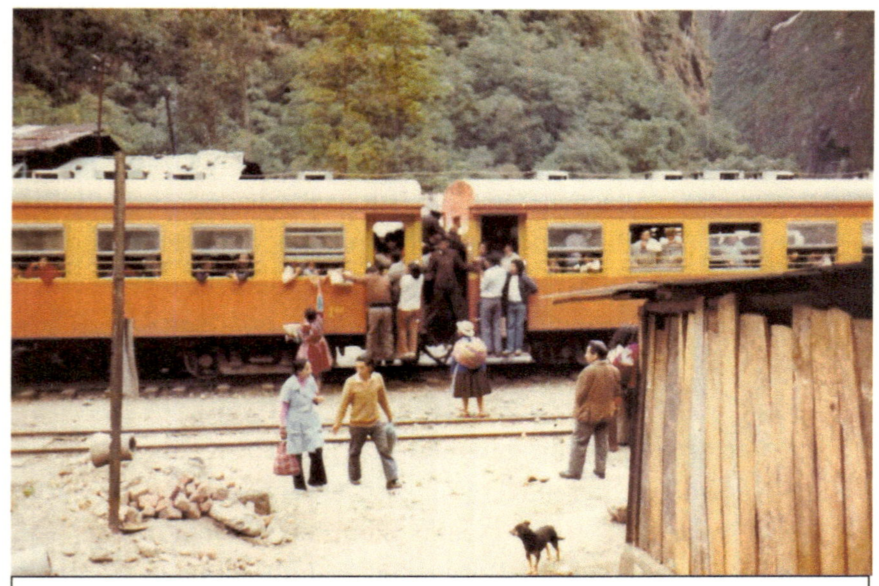

Mit dem überfüllten Indio-Zug unterwegs

der nach Osten, zum Urwald hin abfallenden Seite der Anden am Rio-Urubamba liegt, dem Hauptquellfluss des Amazonas.

Um 5:30 Uhr in der Nacht sind wir in Cuzco mit dem Indio-Zug abgefahren, „erster Klasse", um einen Sitzplatz zu bekommen. Noch am frühen Vormittag erreichen wir die Haltestelle „KM 88", von der

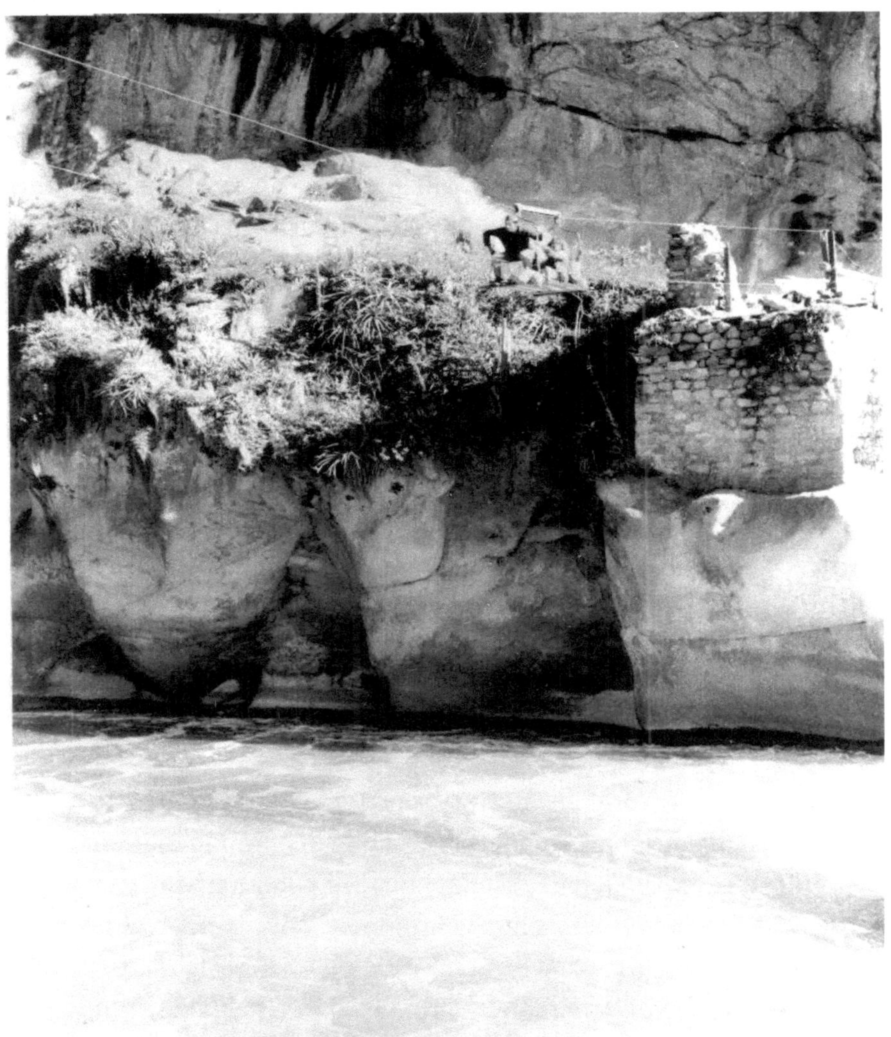

Mit einer kleinen „Seilbahn" überqueren wir den Rio Urubamba

aus ein schon von den Inkas benutzter Pfad mitten durch die Wildnis, über zwei hohe Pässe hin zur Inka-Ruine führt. Bei schlechtem Wetter, so wurde uns berichtet, braucht man fünf Tage, bei gutem Wetter drei Tage.

Wir haben zum Glück gutes Wetter und können vom Zug aus den Morgen begrüßen und sehen, wie die Dampflock den langen Zug durch die Landschaft zieht.

Die Haltestelle „KM 88" zu erkennen, das ist nicht einfach – und wir können gerade noch aus dem anfahrenden Zug springen. 100 Meter geht es talabwärts die Gleise entlang, dann einen steilen Pad hinunter zu zwei winkenden Indios, die 10 Meter über dem reißenden Wildwasserfluss vor einer provisorischen Seilbahn stehen und uns erklären, dass hier zwei Tage zuvor die Brücke über den Fluss eingestürzt ist. Auf der anderen Seite des Flusses steht ein anderer Indio neben einer Befestigung, an der die Seilkonstruktion hängt. Er macht uns heftig winkend Mut, und die beiden Indios auf unserer Seite gestikulieren auffordernd: Alles sei sicher. „Es seguro!"

Zum Glück kann uns einer der Indios sicher auf der wackligen Gondel an dem Metallseil ans andere Ufer ziehen. Immer nur eine Person passte neben dem Indio auf die Gondel, weshalb er zweimal hin und zurückgondeln musste.

Kurz darauf verschwinden die Indios auf ihren Mauleseln einem kaum sichtbaren Pfad entlang flussaufwärts. Also erst mal kein Zurück mehr!

Wir studieren kurz unsere Karte und ziehen los.

Als wir nach einer Stunde bei strahlender Sonne aus einem Eukalyptuswald in ein leicht ansteigendes Tal kommen, treffen wir auf drei Mädels, die aus Braunschweig kommen. Wir plaudern ein wenig über die Gefahren des Marsches und füllen an dem Bach in der Mitte des Tals unsere Wasserbehälter auf. Die Drei haben wesentlich mehr Gepäck als wir, Gaskocher und eine Menge Camping-Ausrüstung, wir aber nur leichtes Gepäck, also ziehen wir beide nach einem kurzen gemeinsamen Marsch allein weiter. Wir verabschieden uns in der Hoffnung auf ein Wiedersehen an einem abendlichen Rastplatz.

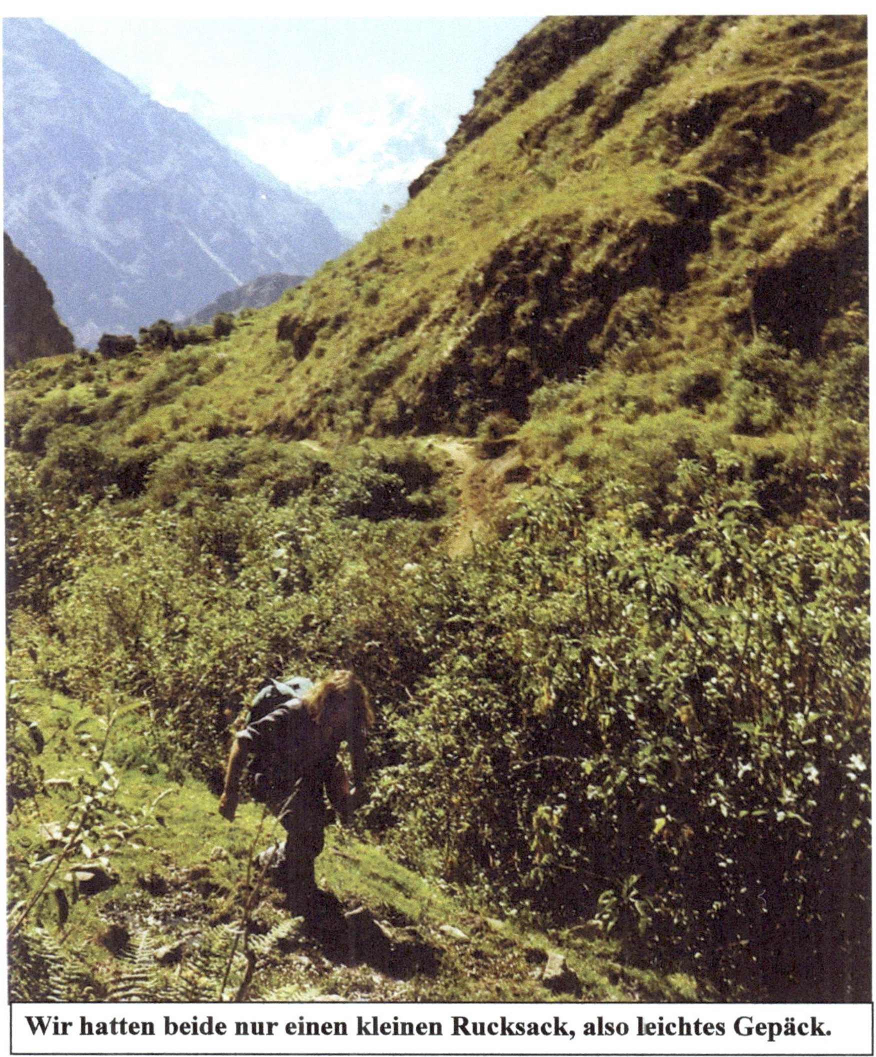

Wir hatten beide nur einen kleinen Rucksack, also leichtes Gepäck.

Aber die Hoffnung verlor sich im Verlauf der zunehmend doch sehr anstrengenden Wegstrecke.

Hinter einem kleinen Wiesenhügel liegt das Dorf Waylabamba, wo wir schon gegen 11 Uhr ankommen – zu früh, um hier auf die Nacht zu warten. Mit den Indios, die an uns nicht interessiert sind, können wir uns nicht verständigen. In der Mitte des Dorfes steht eine Hütte, die stabiler aussieht als die anderen. Hier soll man nach Rücksprache mit dem Lehrer übernachten können. So hatte man es uns in Cuzco gesagt. Von einem 12-jährigen Jungen erfahren wir aber, dass schon seit sieben Wochen kein Unterricht mehr gehalten wird. Die Lehrer streiken wegen der miserablen Bezahlung und um politische Forderungen durchzusetzen. Wir schlendern zwischen den Hütten auf leicht versumpften Pfaden umher, vorbei an Schweinegehegen und sauber gefegten Erdplätzen. Also weiter! Da es am Ende des Dorfes mehrere Pfade gibt, die weiterführen, entscheiden wir uns für den, der am meisten ausgetreten ist. Er führt einen kleinen Bach entlang hinaus in ein von hohen Bergen gesäumtes Tal. Noch in Dorfnähe treffen wir dabei auf einen jungen Japaner, der sich gerade zum Essen niedergelassen hat. Ein kleiner, drahtiger Kerl, in Knickerbockern aus beigem Cord, mit einem blauen Hütchen auf dem Kopf. Er winkt uns

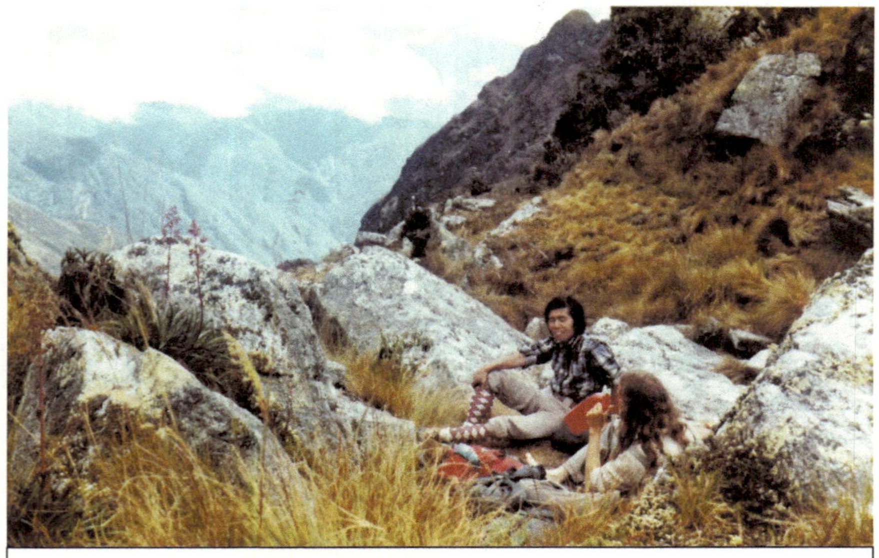

Rastplatz: Takeshi und Johannes

zu sich und lädt uns in gebrochenem Englisch zu einer Packung Erdnüsse ein. Wir liefern zwei Orangen und etwas Popcorn zu unserem gemeinsamen Mittagessen. Takeshi hat eine feste Reiseroute. Er ist schon monatelang allein durch Südamerika gezogen und will bis zum Karneval in Rio sein. Alle Achtung! Was mir im Nachhinein auffällt, ist, dass wir unterwegs so gut wie nie über Politik reden, allein der Weg, die Hinweise auf Schwierigkeiten oder gute Tipps für's Weiterkommen spielen eine Rolle.

Da Takeshi auch nur leichtes Gepäck dabeihat, beschließen wir, zusammen weiterzulaufen. Aus einem Wald herauskommend überqueren wir einen Bach und sehen rechts von uns eine kleine Strohhütte: Die letzte Übernachtungsmöglichkeit vor dem endgültigen Aufstieg zu dem 4200 Meter hoch gelegenen ersten Pass. Wir laufen weiter. Auch in dem sich verengenden Talausschnitt, den wir nach oben gehen, läuft in der Mitte ein kleiner Bach. Wasser gibt es noch genug. Dass die Luft dünner wird, weniger Sauerstoff enthält, merken wir an der Häufigkeit der kleinen Zwischenpausen.

Ich werde zunehmend neugierig auf die Wirkung der Coca-Blätter, die wir von Indios bekommen haben. Man muss die Blätter kauen und dabei einen kleinen Karbonat-Stein im Mund zergehen lassen. Johannes und ich probieren diese kleine Starthilfe jetzt aus. Wir bieten Takeshi einige Blätter an, er möchte sie aber aus Prinzip nicht nehmen. Und so fällt er nach einer halben Stunde immer mehr zurück. Er winkt uns zu, wir sollten ruhig allein weiterlaufen.

Als der Weg einmal in einen Bach hineinzuführen scheint, nehmen wir den kleinen Pfad, der steil den Berg hinaufführt. Wir klettern fast eine Stunde, hangeln uns teilweise an Wurzeln hoch, bis wir aus einem Wald hinaus in die immer noch heiße Nachmittagssonne kommen. Das konnte nicht der richtige Weg sein. Als wir noch überlegen, kommt uns Takeshi entgegen, der unsere Zweifel bestärkt und wir gehen zusammen wieder hinunter zum Bach und finden dort, leicht verschrammt, den richtigen Weg hoch zum Pass. Takeshi ist jetzt dermaßen erschöpft, dass er beschließt, auf dieser Seite des

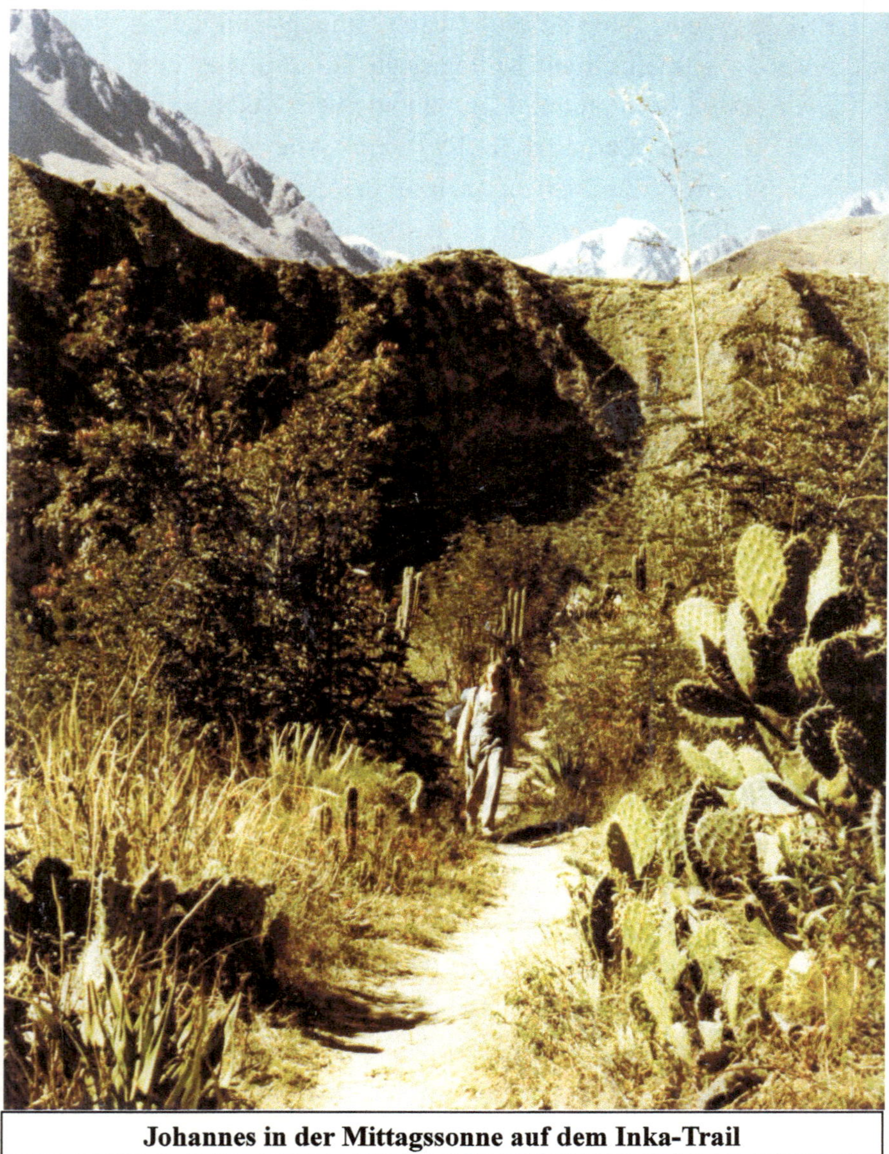

Johannes in der Mittagssonne auf dem Inka-Trail

Passes zurückzubleiben. Johannes und ich laufen weiter, vorbei an frei herumlaufenden Bullen, die uns an die Warnung in Cuzco erinnern: „Watch out for young bulls!", die aber nicht an uns interessiert sind. Der Bach wird zum Rinnsal und verschwindet genauso, wie der Pfad in einer offenen Wiese, an deren Ende ein steiler Aufstieg über Felsen und Geröll wartet. Von einem Moment auf den anderen wird es schneidend kalt. Von den Cocablättern wird mir leicht übel. Ich vertrage sie weniger als Johannes, der zunehmend auf mich warten muss. Als meine Übelkeit zunimmt und ich mehr Pausen mache, nimmt er mir den Rucksack ab und läuft auch damit noch schneller als ich! Es wird kälter, aber wir müssen weiter, denn vor der nächsten Talsohle, also weit auf der anderen Seite des Passes gibt es keine Hütte und keine Höhle. Ich zwinge mir jeden Schritt ab, bis wir endlich die Kuppe des Passes erreichen und die andere Seite, auf der die untergehende Sonne mit ihren letzten Strahlen gerade noch einen weiten Talausschnitt zeigt, der mit seinem freundlichen Grün krass von den höherliegenden Schneekuppen und dem grauen Geröll darunter absticht. Die Sonne geht dann so schnell unter, als würde sie hinter den Bergen auf einmal weggezogen. Es wird dunkel, aber zu unserem Glück wird unser Weg bald von der aufkommenden Mondsichel erhellt. Ich stolpere mehrmals, rutsche einmal dabei fast 10 Meter den Pfad hinunter, bis ich in einem Busch hängenbleibe. Die Luft wird zunehmend wärmer und sauerstoffreicher, was meine Schritte weniger zufällig werden lässt. Das Rauschen eines Wasserfalls kommt näher, in dessen Nähe eine Schlafhöhle sein soll. Etwas weiter unten sehen wir plötzlich ein flackerndes Licht, das sich als Lagerfeuer entpuppt. Auf einem schmalen Steg überqueren wir einen Bach und treffen auf ein Studentenpärchen aus New-York, das sich gerade schlafen legen will, uns aber noch einen heißen Tee anbietet, bevor es sich in sein Zelt verkriecht. Die weiter unten liegende Höhle ist im Dunkeln nicht leicht zu finden – und ich erinnere mich nur noch an den Blick aus der Höhle raus in den sternenklaren Himmel, bevor ich erschöpft in meinem Schlafsack liegend einschlafe. Um uns vor Schlangen zu schützen, haben wir unterwegs immer die Schlafsäcke oben am Hals ganz fest zugezogen.

Johannes muss noch einige Zeit auf das Abklingen der Coca-Wirkung warten, wie er mir am nächsten Morgen erzählt, während wir uns in dem klaren Wasser des nahegelegenen Baches waschen.

Wir haben lange geschlafen, denn das Pärchen aus New-York ist schon weg und noch bevor wir aufbrechen, kommt uns Takeshi entgegen. Wir marschieren zusammen talabwärts und dann an einem felsigen Hang steil links nach oben, hinauf zum 3600 Meter hoch gelegenen zweiten Pass. Dabei überholen wir nach einer kurzen Begrüßungspause das Pärchen aus New-York, das schwer bepackt nur langsam vorankommt. Es wird Mittag und die Sonne brennt erbarmungslos auf unsere Köpfe. Eine längere Pause legen wir aber nur auf dem Gipfel ein, von wo aus man weit in das vor uns liegende Tal blicken kann. In der Inka-Ruine Sayamarca tauschen wir Adressen aus: Takeshi lädt uns zu sich nach Tokio ein, in die Nähe des Kaiserpalastes, wo wir mal einen „honeymoon" mit einem Mädel verbringen könnten. Er grinst, ich grinse zurück. Wieso hatten wir nicht auf die drei netten deutschen Mädels gewartet?

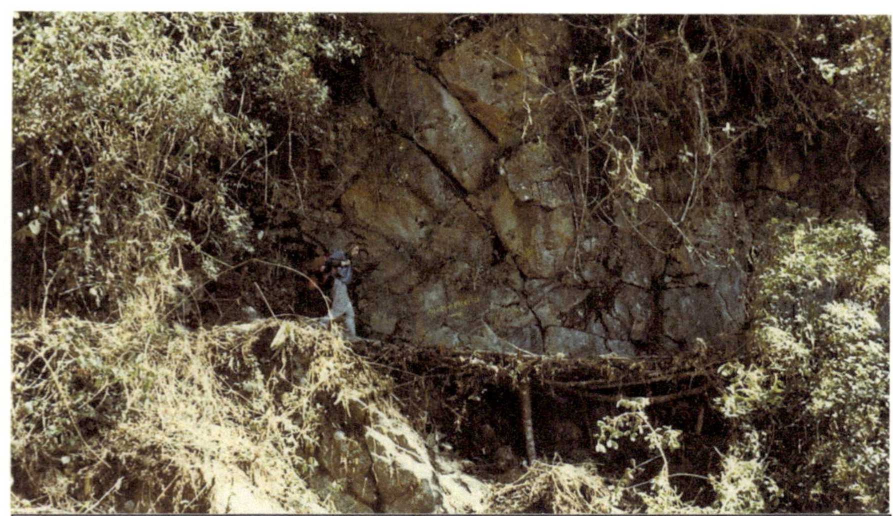

Johannes läuft hier hart am Abgrund einen schmalen Steg entlang.

Ein steiler Abstieg führt unterhalb der Ruine in das dichte Grün eines Bergurwaldes. Die Gerüche von Kräutern und Beeren, die jetzt intensiver sind, werden überlagert von der schwülen Feuchtigkeit des Unterholzes. An kleinen Lichtungen zittern Kolibris in der Luft und lenken die Blicke auf eine uns unbekannte Blütenwelt. Ich laufe, davon abgelenkt, mit meinen Turnschuhen in tiefen Morast und muss sie wieder reinigen, bevor ich weitergehen kann. Als der Pfad dann an tiefen Schluchten vorbeiführt, schmal und glitschig wird, verstaucht sich Johannes den rechten Fuß und wir müssen von Zeit zu Zeit kleine Pausen einlegen. Johannes ist hart im Nehmen.

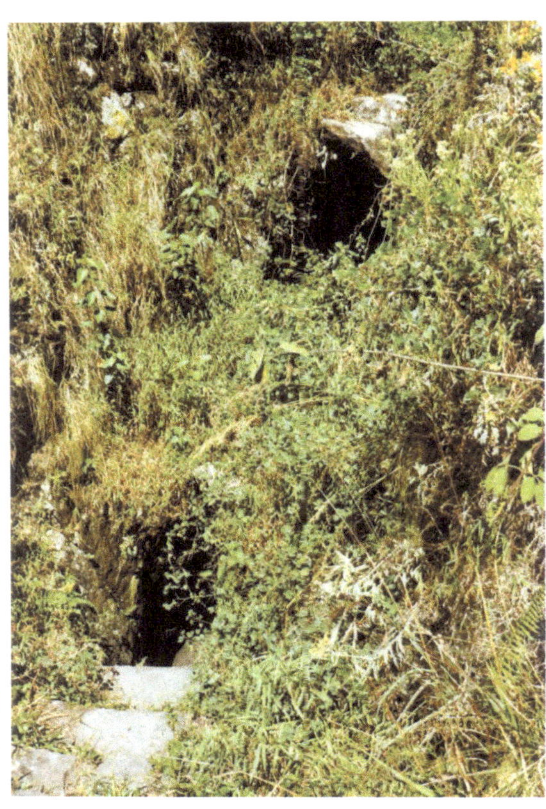

Am späten Nachmittag kommen wir an tiefen Talausschnitten vorbei, aus denen drohend dichte Nebelschwaden hochsteigen, die man regelrecht riechen kann. Durch einen Felstunnel gelangen wir aber auf die andere Seite des Bergzuges, von der aus man nach Norden hin (wo hier südlich des Äquators die Sonne am Mittag steht) in ein tiefes Tal schauen kann, in dem sich ganz unten ein helles Band entlangwindet: Der Rio-Urubamba, Hauptquellfluss des Amazonas.

Gegen 17 Uhr kommen wir zur Inka-Ruine Puyupatamarca, die sich über drei Hangabschnitte verwinkelt nach unten zieht. Beim Gang durch die Gebäudereste entdecken wir auf der unteren, nordöstlichen Seite des Komplexes eine in Stein gefasste Quelle, an der wir unsere Wasserbehälter auffüllen. Wir staunen über den hier möglichen Blick in das Urubamba-Tal, aber schon kurz nach 17 Uhr geht die Sonne hinter der gegenüberliegenden Bergkette unter, so schnell, als würde der Erzengel Gabriel sagen: „Genug ist genug! Ihr habt sowieso schon mehr gesehen als euch erlaubt war!"

Da es schnell kühl wird, verziehen wir uns in den mit Heu überdeckten Raum, den wir im mittleren Teil der Ruine als Schlafplatz ausgewählt hatten. Takeshi erzählt uns einiges über seine bisherige Reiseroute – über New-Orleans, Mexiko, Guatemala, Kolumbien – und wir berichten, wie es uns bisher ergangen ist und was wir über die noch vor uns liegende Strecke wissen. No politics! Es bleibt dabei.

Warum haben wir nicht auf die drei deutschen Mädels gewartet, geht es mir gerade noch durch den Kopf, bevor ich erschöpft einschlafe.

Kurz nach sechs Uhr, als es gerade hell wird, stehen wir auf und beeilen uns mit dem Aufbruch, um noch vor acht Uhr an einem Hang vorbeizukommen, wo bis 16 Uhr der Platz für ein Hotel in den Berg hinein gesprengt werden soll. Johannes kann wegen dem verstauchten Fuß nur langsam gehen. Takeshi deutet auf seinen Fotoapparat und sagt, wir sollen weitergehen. Als er nach einer halben Stunde nicht nachkommt, laufe ich ohne Gepäck zurück, pfeife laut und rufe seinen Namen. Er bleibt verschwunden.

Als wir dann nicht mehr mit ihm rechnen, taucht er auf einmal auf und winkt uns zu. Wir laufen zusammen weiter durch dichter werdenden Urwald. Viele kleinen Pfade können in die Irre führen – und wir haben kaum noch Nahrungsmittel. Es ist lange nach acht Uhr, als wir die Stelle erreichen, an der gesprengt werden sollte. Man sieht nur helles Steingeröll und offene Felsen ohne Verwitterung. Der Pfad ist wie abgeschnitten und man blickt in einen tiefen Abhang. Ein kleiner Zettel hängt an einem Baum: *„Montez ici et passez ce rocher dangereux plus haut!"* Ein Pfeil zeigt nach oben.

Ich übersetze – und wir klettern den steilen Hang nach oben, über die freigesprengten Felsen hinweg, wobei wir uns an Baumwurzeln festhalten. Zum Glück liegt dieser Aufstieg im Schatten. Kein einziger Bauarbeiter ist zu sehen. Es stellte sich später heraus, dass dies eine Millionen-Fehlkalkulation war und hier nichts gebaut wird. Unser Wasser wird knapp. Und sobald wir aus dem Schatten von Bäumen herauskommen, brennt die Sonne unerbittlich auf unsere Köpfe. Vor dem letzten Pass führt der Pfad vorbei an vermoosten Felsen und über schmale Stege aus alten Baumstämmen. Takeshi zögert – und bleibt zurück, um nach einer sicheren Abzweigung zu suchen. Das wäre nicht nötig gewesen, denn eine Stunde später, um einen Berg herum und steil nach oben, haben wir den Pass erreicht. Noch eine letzte längere Pause, denn Johannes schmerzt der Fuß. Wir reden vor Durst und mit der Sonne auf dem Kopf nur dummes Zeug, als wir weiter über das heiße Geröll laufen.

So eine Strecke kann man nur schaffen, wenn man noch jung ist. Heute können sich die Wanderer Träger mieten, die ihnen das Gepäck abnehmen. So etwas gab es damals nicht.

Kurz bevor wir die letzte Biegung des Pfades vor der Stelle erreichen, von der aus man die Ruinen von Machu-Picchu sehen kann, ruft mir Johannes zu, er gehe keinen Schritt weiter. Mitten auf dem Pfad liege eine Schlange, „sie lebt und bewegt ihre Zunge!" Tatsächlich war ich über eine ca. ein Meter lange Schlange weggelaufen, die ich übersehen habe. Ich werfe einen Stein nach ihr und sie verschwindet in das flache, seitliche Gebüsch.

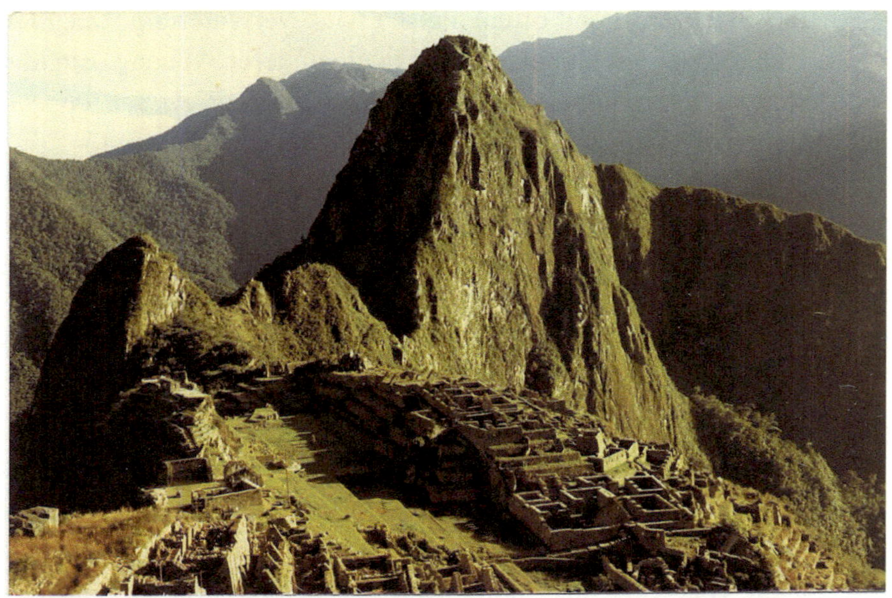

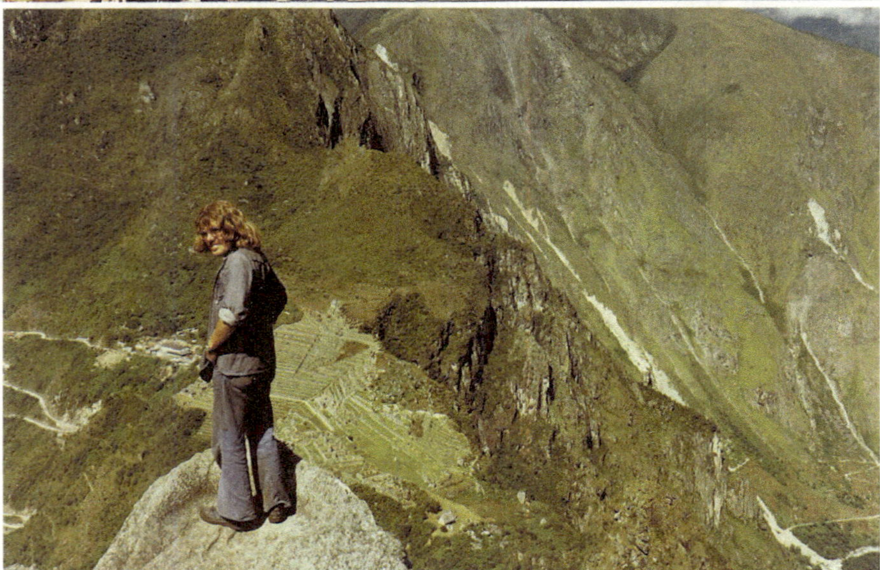

Oben: Blick auf die Ruinen von Machu Picchu am frühen Morgen.
Unten: Auf dem Gipfel des Wayna Picchu

Wir haben später erfahren, das sei ein sogenannter „Buschmeister" gewesen, an deren Bisse schon einige Wanderer gestorben seien, da man nur innerhalb kurzer Zeit helfen könne. Glück gehabt!

Beim Klettern durch die Reste der um 1200 erbauten, großangelegten Festung, bei der Pause auf einem versteckten kleinen Wiesenplatz und dem Blick durch die trapezförmigen Fenster auf die bewaldeten Hügel des gegenüberliegenden Bergzuges sind die Gefahren der Wanderung schnell vergessen.

Über Machu Picchu ist genug geschrieben worden. Man kann das alles im Internet, das es damals noch nicht gab, nachlesen. Wir hatten das Glück, dass im Vergleich zu heute nur wenige Touristen dort waren.

Gegen 14 Uhr sitzen wir auf der Terrasse des Machu-Picchu Hotels, essen eine teure Suppe und warten auf Takeshi, der sich eine Stunde später zu uns setzt und eine Limonade bestellt.

Tief unten im Urubamba-Tal, das jetzt schon im Schatten liegt, hatten wir schon vor dem Abstieg das Wellblechdorf Aguas-Calientes gesehen. Wer die Bekanntschaft mit Flöhen nicht scheut, der konnte damals billige Übernachtungsmöglichkeiten und Verpflegung finden.

Wir gehen einen steilen Indiopfad hinunter zur Bahnstation und dann 200 Meter die Gleise entlang flussaufwärts, um in Aguas-Calientes nach einer Unterkunft zu suchen. Wir nehmen zu dritt ein Zimmer, gehen dann aber getrennt unserer Wege, um das Dorf und die Umgebung zu erkunden.

Am nächsten Morgen gehen Johannes und ich in aller Frühe hoch zu den Ruinen, bei denen noch kein Mensch zu sehen ist, und genießen dort das erste Tageslicht und die aufgehende Sonne. Ich steige hoch auf den Wayna-Pichu, von dem aus man die Ruinen komplett überblicken und etwas weiter hinten das Ende des Inka-Trails sehen kann.

In Aguas-Calientes treffe ich später Rucksack-Wanderer aus verschiedenen Ländern. Man unterhält sich, erzählt sich die eine oder andere Räubergeschichte und gibt sich gegenseitig Tipps über diesen oder jenen Reiseweg, wägt ab, bewertet Übernachtungsmöglichkeiten, Busfahrten und die Gefahren, die da und dort lauern. Die Geschichten werden, je später der Abend, desto wilder. Nach einigen Bieren und spät in der Nacht hätte man genauso gut von fliegenden Teppichen und diesem oder jenem Zaubertrank reden können, Hier in den Bretterbuden von Aguas-Calientes treffen sich, als wir dort sind, junge Leute aus allen möglichen Ländern, vor allem US-Amerikaner und Franzosen. Und wieder: Keine Politik!

Am zweiten Tag bin ich ein kleines Tal auf der gegenüberliegenden Seite des Rio Urubamba hochgelaufen, bis zu einem kleinen Becken mit Wasser aus einer warmen Quelle. Deswegen wohl „Aguas-Calientes". Dicht daneben fließt ein eiskalter Bach. Dort habe ich eine hübsche Französin getroffen, Virginie, die mich, wenn man von den schwarzen Locken absieht, an Anne erinnert, an eine Freundin, die in der Nähe von Genf wohnt. Ihr hatte ich noch keine einzige Karte und keinen Brief geschrieben. Peinlich. Ich hatte sie oft auf der Fahrt nach Nizza besucht. Sie stammt aus einer Lehrerfamilie, die abseits eines Dorfes wohnte und sich im Garten Schafe hielt. Insgeheim hatte Anne gehofft, aus uns würde einmal was. Sicher wäre das besser geworden als vieles, was mir später mit Frauen so passiert ist, als ich endgültig in das Alter kam, wo man sich überlegt, eine eigene Familie zu begründen.

Virginie, die mir in Aguas-Calientes ihre Adresse gegeben hatte, habe ich später, während eines heißen Sommers, auf meinem Weg nach Nizza bei ihren Freunden getroffen. Sie wohnten in einem kleinen Seitental außerhalb eines Dorfes in einer Art WG. Ich sagte, ich wolle mit meiner Super-8-Kamera dort unten im Süden filmen. Daraufhin wollte sie mir unbedingt einen kleinen See mit glasklarem Wasser zeigen, in dem man baden könne. Ich bin mit meinem VW-Käfer hingefahren, habe meine Sachen im Auto liegen lassen, während wir badeten. Als ich zurückkam, war meine Kamera nicht mehr im Auto. Virginie tat überrascht, aber ich sah ihr an, dass sie Bescheid wusste und fuhr enttäuscht weiter, ohne mich zu verabschieden.

Etwas Ähnliches ist mir später in England passiert, wo ich ein Jahr lang in einer Schule gearbeitet habe. Dort hatte ich einer Oberstufenschülerin aus reichem Hause eine kleine Super-8 Handkamera geliehen. Ein seltenes Stück, das man in der Art nicht mehr kaufen konnte. Sie hatte nach Rückfragen später behauptet, sie habe nie eine Kamera von mir bekommen. Ihr hatte die kleine Kamera wohl zu sehr gefallen. Es sind Situationen, in denen man ohne Beweise dasteht und der andere sogar empört vorgeben könnte, dass man eine falsche Behauptung aufstelle, während man die Wahrheit ausspricht. Diese Art von Schlauheit hat mich immer wieder mal sprachlos gemacht. Ich habe vor Jahren von einem alten Bauern, der nach dem zweiten Weltkrieg lange in russischer Gefangenschaft war und keine Anerkennung vom deutschen Staat erfuhr (nur von den Russen!), einen Spruch gehört, der mir so in Erinnerung geblieben ist: „Wenn das Wort nicht mehr soll gelten, worauf soll das Glauben ruhn; mir ist`s nicht um 1000 Welten, aber um dein Wort zu tun."

Als Kind wollte ich mich, wie bei Emil, auf andere verlassen können. Die spätere Schülerbewegung hat mir auch deshalb gefallen, weil man sich auf die anderen bei einer großen Sache verlassen konnte. Und das konnte man, selbst wenn man nur auf Konzerte fuhr. Ich dachte wohl, das ginge immer so weiter. Ich hatte eine Art von Gutgläubigkeit entwickelt, die bei den richtigen Leuten nicht schadet; sie ist mir aber einige Male böse aufgestoßen. Zumeist bei Frauen, die diese Haltung schnell registriert und ausgenutzt haben. Mein ambivalentes Verhältnis zu Frauen, war es schon immer da oder hat es sich im Verlaufe der Jahre entwickelt? Dieses vorsichtige Warten, ob es weitergehen kann oder nicht. Diese Sprachlosigkeit, wenn es „ernst" werden konnte, diese unterschwellige Angst vor der Bindung, die ja jederzeit wieder gelöst werden konnte. Mit Johannes in der Nähe, seiner nüchternen Kalkulation, seiner Menschenkenntnis, die ihn bei aller Freundlichkeit nie verließ, wäre vieles besser gelaufen in meinem Leben. Aber in einigen entscheidenden Momenten war er nicht da, forschte in Afrika, betrieb ethnologische Studien in Gegenden, die ihn innerlich zerstört haben, weil sich dort die Verhältnisse so krass von dem unterschieden, was wir in dem - trotz aller Aufregungen - friedlichen Deutschland der 70er Jahren erlebt hatten. Mein Afrika, das habe ich ihm deutlich gemacht, liegt in Europa, in dem Europa, das sich nach 1990 so rasant verändert hat. Hier gäbe es so viel, was er mit seiner Bildung und seiner Intelligenz besser durchschauen könne als all die Professoren und Intellektuellen, die ich kenne. Was trieb ihn immer wieder nach Afrika, zu seiner Ngozi, dieser christlich-animistischen Priesterin mit ihren fremdartigen Kulten? Zu den „Bakassi-Boys", die Menschen auf dem Marktplatz mit Macheten zerhackten oder in Autoreifen verbrannten. Zu den extremistischen Vertretern des Islams, die ihn erschreckten. Zu den Stammeskulturen, in denen er das menschliche Verhalten ungeschminkt beobachten wollte, ein Verhalten, von dem er vermutete, dass es auch bei uns unter der Decke der Zivilisation noch vorhanden sei. Vor allem, weil seiner Meinung nach immer mehr Menschen aus Stammeskulturen zu uns kämen. In seiner Aufrichtigkeit und Unerbittlichkeit im Denken erinnert mich Johannes an Rolf-Peter Sieferle, den Historiker aus Heidelberg, dessen Publikationen von der intellektuellen Schickeria gemieden oder verächtlich gemacht wurden und der sich 2016 wohl aus Verzweiflung über die Ignoranz ehemaliger Freunde umgebracht hat – die sich danach noch nicht mal trauten, zu seiner Beerdigung zu kommen! So viel Feigheit, die man auch von außen, aus anderen Kulturen kommend, vermutlich bald erkennt hinter den Sonntagsreden.

Lima:

In Cuzco sind wir nur noch zwei Tage geblieben, haben nochmal das archäologische Museum in der Calle Tigre besucht – und sind dann aus der schmalen Einflugschneise des hoch gelegenen Talzuges zurück nach Lima geflogen. Die feuchtwarme Luft in Lima finde ich diesmal angenehm, denn man braucht keine Angst vor der Kälte der Nacht zu haben wie hoch oben in den Anden.

Das Hotel EUROPA, der bekannte Gringo-Treff war uns zu laut und wir ziehen weiter in ein altes Hotel nahe dem Plaza de Armas. In der Nähe des Plaza San Martin gibt es ein internationales Fernsprechamt. Ich gehe allein hin. Meine Freundin, die mich zusammen mit Georg an den Frankfurter Flughafen gebracht hatte, ist sofort am Telefon und trotz der großen Distanz gut zu verstehen: „Ja, … wie geht es dir?" An dem Klang ihrer Stimme erkenne ich, dass es mit uns vorbei ist. Ob ich denn nicht den „Poste-restante-Brief" in Lima bekommen habe? Nein, hatte ich nicht. Sie sei jetzt mit Georg zusammen. Das Gespräch hat umgerechnet 100 DM gekostet. In einem teuren Hotel wechsle ich dann 50 Dollar und gehe zur Hauptpost, die bis 20:00 Uhr offen hat. Ihr Brief ist da, aber wieso ihn denn jetzt noch öffnen. Ich schmeiße ihn ungeöffnet weg. Das Nächste, was mir in Erinnerung geblieben ist: Ich sitze an einem kleinen, grünen Kunststofftisch bei blassem Neonlicht. Trinke Bier. Dann laufe ich ziellos durch die Straßen, vorbei an schlafenden Obdachlosen, in einer Ecke liegt eine Mutter mit zwei Kindern, zwei Cola-Dosen daneben, alles verdreckt in den Elendsvierteln, die ich durchstreife. In meiner unglücklichen Gedankenlosigkeit, in dem Wahn, der mich bis zum frühen Morgen wachhält, wagt sich niemand in meine Nähe. Im ersten Morgengrauen bin ich der erste Gast eines alten Mütterchens, das den Frühaufstehern auf dem Weg zur Arbeit heiße Getränke verkauft. Ich setze mich auf eine Holzbank neben ihrem Fahrradstand, trinke den heißen Tee und sehe aus leicht brennenden Augen, wie die alte Mestizin mich anschaut, als wüsste sie alles.

Ich gehe zurück ins Hotel, vorbei am schnarchenden Portier und schlafe bis zum Mittag. Johannes hat mir eine Nachricht gelassen. Er sei frühstücken gegangen. Das Leben geht weiter. Die nächste zwei Tage gehen vorbei, mir bleibt nichts als auf die Mahlzeiten zu warten wie ein Tier. Johannes macht das Beste, was man in so einer Situation machen kann: Er sagt nicht viel. Ich hasse falsches Trösten! Fußball. Peru verliert hoch gegen Argentinien und verlässt diese peinliche Weltmeisterschaft, die 1978 benutzt wird, um die argentinische Diktatur in ein gutes Licht zu rücken, eine Diktatur, die Zehntausende ihrer Bürger massakrieren lässt. Zum ersten und letzten Mal, dass mich eine WM nicht interessiert. Die Menschen in Peru sind enttäuscht, nicht nur wegen der Niederlage im Fußball. „Bermudez es un ratero!" steht an einer Häuserwand. Ein Straßenräuber, ein Halunke sei der Präsident, General Morales Bermúdez. Jeder hier kennt die Korruption der Regierung. Ein neuer Mercedes-Militärlastwagen rast an mir vorbei. Lauter uniformierte Milch-gesichter mit Meckiefrisur. Aber es geht mich nichts an. No politics! Die beste Idee hat Johannes: Wir ziehen weiter! Wir machen uns auf, um die Galapagos-Inseln zu besuchen! Wir gehen zum großen TEPSA-Busterminal und buchen für 19:00 Uhr eine Fahrt mit dem Pullman-Bus bis an die Grenze nach Ecuador.

Der Bus fährt dann um 20:00 Uhr, also recht pünktlich los, 20 Stunden lang auf der Panamericana nach Norden. Verstellbare Sitze, klimatisiert, reiner Luxus. Draußen ist nur Wüste zu sehen und es wird Nacht. Alle Gäste wollen bis zur Endstation kommen, also keine Angst um das Gepäck. Und so falle ich bald in einen leichten Schlaf. Kurz nach Mitternacht wache ich aus einem Traum auf: Heidelberg ist zusammengestürzt und in Flammen aufgegangen. Ich habe mich um meine Freundin bemüht. Sie hätte mitkommen sollen, als wir nach Frankfurt geflüchtet sind und aus einem dschungelüberwachsenen Flughafen starten. In einer geräumten Straße der Innenstadt mussten wir notlanden. Gleich darauf sind wir endgültig losgeflogen. Sie ist zurückgeblieben – und ich bin aufgewacht.

Der Tag vergeht in der Wüste, Dünen und Felsen, später ab und zu armselige Siedlungen am Meer. Kinder mit nacktem Oberkörper und Hunde. Es ist heiß draußen. Im Bus breitet sich eine fatalistische Müdigkeit aus. Fast alle schlafen. Das idiotische Aussehen von Schlafenden, wenn ihnen im Sitzen das Kinn nach unten hängt.

Als die Sonne tiefer steht, überqueren wir einen Fluss, in dessen Nähe alles fruchtbar zu sein scheint: Pflanzen, Tiere und Menschen. Eine Gruppe Kinder badet nackt im Fluss und winkt von Weitem zum Bus herauf. Dann wieder Wüste, Savanne, wenig Vegetation, bis wir in der Dämmerung einen Fluss und den Grenzort Tumbes erreichen. Wir nehmen ein Zimmer für die Nacht, da die Grenze nach 18:00 Uhr schon geschlossen ist. Aus dem Fenster im ersten Stock blicke ich auf den schönangelegten Platz in der Stadtmitte, auf dem mehrere Pärchen zwischen Blumenbeeten und großen Bäumen herumflanieren.

Am oberen Ende des Platzes gibt es ein Restaurant, in dem wir essen gehen. Gegen einen Aufschlag erhalten wir die Fantas eisgekühlt.

In aller Frühe fahren wir in einem kleinen, überfüllten Collectivo zur Grenze nach Aquas-Verdes, wo wir nach einem umständlichen Gehändel wegen des Visums auf die ecuadorianische Seite gelangen. Mit nur drei Dollar Cash in der Tasche kommen wir nicht weit – und Schecks will hier niemand. Die Banken sind geschlossen: Wochenende! Für je einen Dollar gehen wir essen – und für den Rest bekommen wir nach langem Verhandeln eine Mitfahrgelegenheit ganz hinten auf dem Notsitz eines überladenen Busses. Dreimal wird der Bus nach der Grenze durchsucht und alle Pässe werden kontrolliert. Für die Einheimischen scheint dies Gewohnheitssache zu sein, niemand regt sich auf. Wie alle, die wenig Gepäck haben, nehmen wir einige Haushaltswaren, die wohl limitiert sind, auf unsere

Kappe. Aufgeregte Dankbarkeit! Die aus dem Grenzgebiet geschmuggelten Gegenstände werden wie Trophäen herumgezeigt.

Wir fahren jetzt ab und zu durch Urwald, vorbei an vereinzelten Bananenfeldern, die gleich neben der Straße beginnen. Von Zeit zu Zeit sehe ich ein auf Pfählen gebautes Holzhaus.
Neben mir sitzt ein kleines Mädchen auf dem Schoß ihres älteren Bruders. Er ist um die 14, sie vielleicht sieben oder acht Jahre alt. Nach zwei Stunden wird das kleine Indio-Mädchen mit den langen, schwarzen Haaren so müde, dass es einschläft und mit dem Kopf langsam auf meinen Schoß runtersinkt. Sie wacht auf, bleibt aber so liegen und schläft dann wieder ein. Welch ein Vertrauensbeweis. So ein hübsches Indio-Kind hatte ich auf der Fahrt bisher nicht gesehen: feingeschnittenes Gesicht, bronzebraune Haut und große, schwarze Augen und lange Wimpern. Und mutig, die weite Strecke allein mit ihrem Bruder zu fahren – ohne zu jammern oder zu quengeln, wie ich es von den verwöhnten Kindern zu Hause kenne.
Am frühen Nachmittag kommen wir über eine große Brücke nach Guayaquil und steigen am Rande der Innenstadt aus. Und obwohl klar ist, dass wir uns niemals wiedersehen, verabschieden wir uns in der Hoffnung auf ein Wiedersehen. Julissa heißt das kleine Mädchen.

Wir fragen uns durch zu einem billigen Hotel und landen im Hotel „Roma". Die schwüle Hitze der Millionenstadt hängt in allen Zimmern. Wir haben Toilette und kalte Dusche im Zimmer – und brauchen zum Glück erst am Montag bezahlen, wenn die Banken offen sind. Aber woher das Geld nehmen fürs Essen? Es gibt eine Lösung: Ich habe noch deutsche Münzen im Rucksack verstaut – und der Hotelbesitzer ist Münzensammler. Ich verkaufe ihm alles, was ich noch an deutschen Münzen habe und das Überleben bis Montag ist gesichert.

Auf dem Weg in die Innenstadt sehen wir uns in einem chinesischen Restaurant das WM-Endspiel Holland gegen Argentinien an, in Farbe. Kein schönes Spiel. Die Chinesen sind für Holland, wir auch. Kleine Verbrüderung! Die Holländer haben den argentinischen Offiziellen, den Vertretern der Militärdiktatur, nicht die Hand gegeben! Eine mutige Aktion!

Guayaquil ist keine schöne Stadt, sehr heiß, mit einem breiten Gürtel von Slums um die betonierte Innenstadt herum. Aber mit etwas Glück bekommt man einen billigen Militärflug auf die Galapagos-Inseln, über 1000 KM weit raus über den Pazifik. Solche guten Tipps bekommt man nur in den billigen Backpacker-Hotels, die wir aus Sparsamkeitsgründen benutzen mussten.

Zwei Tage lang haben wir es auf dem Militärflughafen versucht, sind jedes Mal mit einem Collectivo den schmutzigen Guayas-Fluss entlang weit hinausgefahren und dann noch eine große Strecke in der Hitze gelaufen. In drei Tagen soll es klappen, versichert mir ein Offizier. Ein Israeli hat es gleich geschafft. Israel beliefert schließlich die ecuadorianische Luftwaffe!

Ich kaufe mir in einem internationalen Buchladen den „Kleinen Hobbit" von Tolkien und die „Wahlverwandtschaften" von Goethe. Was Johannes liest, weiß ich nicht mehr. Aber wir ziehen uns mit der Lektüre an den Badeort Playas zurück, wo es im Gegensatz zu Guayaquil abends immer eine frische Brise gibt.

Auf dem Weg dorthin sehen wir Plakate der gerade vom Militär erlaubten Vorwahl: Ein Raul Clemente „IST DAS VATERLAND", ein Roldos „IST DER PRÄSIDENT DES VOLKES". Alle auf den Plakaten schauen entschlossen oder empört. Und je ärmlicher die Gegend, desto häufiger der Spruch: „Contra la dictatura y la farsa electoral, anula el voto!"

No politics! No politica!

Wir finden eine billige Absteige in der Nähe des leeren Strandes. Kein Gringo in der Nähe, alles etwas unsicher. Das Zimmer ist nicht abschließbar und zum Waschen muss man eine Schüssel Wasser anfordern. Trotzdem bleiben wir, stellen aber vor dem Einschlafen den schweren Tisch aus der Zimmermitte vor die Türe, nachdem wir eine Weile lang leise Schritte vor der Türe gehört haben.

Aber der Tisch hätte sowieso nichts genützt, denn über der nach oben offenen Wand sieht man einen Balken, von dem man aus leicht ins Zimmer gelangen könnte, wenn man böse Absichten hätte.

Am nächsten Tag legt sich eine zierliche Blondine neben mir an den Strand, während ich in den „Wahlverwandtschaften" lese. Ein hübsches Gesicht, wenn sie die Sonnenbrille absetzt. Ich lese erst mal weiter, um ihr nicht gleich ausgeliefert zu sein. Dann kommt ein US-Amerikaner vorbei, redet eine Weile mit ihr und sie geht mit ihm weg, wobei sie aber sich noch einmal umdreht und zu mir schaut. „Scheiß Wahlverwandtschaften!" geht es mir durch den Kopf, aber wahrscheinlich waren sie die Rettung. Ich könnte mir vorstellen, dass der Ami vielleicht ihr Mann war, der sie zwar langweilte, dem ich aber nicht in die Quere hätte kommen dürfen: Ein eventuell eifersüchtiger, muskelbepackter Gorilla. Immerhin, es gibt doch noch andere Touristen hier, was ich beruhigend finde.

Nach dieser Zwischenpause fahren wir zurück nach Guayaquil. Und diesmal klappt's. Beide bekommen wir den Flug zu den „Schild-kröten-Inseln". In einer schummrigen Kneipe unterhalten wir uns noch mit Einheimischen über Fußball und deutsches Bier, zahlen im Hotel und bestellen, ganz früh am Morgen geweckt zu werden.

Wir zahlen jeder die 50 Dollar „ida y vuelta" – und so gegen 9:00 Uhr schnallen wir uns in der Propeller-Maschine an und fliegen los. Es dauert über zwei Stunden, bis wir auf der kleinen Insel Baltra landen, wo die Amis im Zweiten Weltkrieg eine Landebahn gebaut haben.

Von dieser sehr kahlen Insel setzen wir mit einer kleinen Fähre in dem klaren, türkisfarben-schimmernde Wasser über nach Santa-Cruz und fahren dort mit einem roten Toyota-Transporter auf die andere Seite der Insel, hoch hinaus durch einen tropischen Urwald und wieder hinunter zu der sauberen Hafensiedlung Porto-Ayora.

Gus Angermeier ist 1935 mit seinen Brüdern vor den Nazis geflohen, von Hamburg aus in See gestochen und nach zwei Jahren auf den damals noch unerschlossenen Inseln hängengeblieben. Eigentlich gehören die Hütten in dem grün verwachsenen Garten seiner Frau und nicht dem „King oft the Galapagos", aber er ist der Mittelpunkt dieses Refugiums für Rucksacktouristen. Bei ihm gibt es das, was niemand mit viel Geld kaufen kann: Das Gefühl, einer bunten Gemeinschaft von jungen Leuten anzugehören, die den Zwängen der Zivilisation und des Konsums für einen Moment entkommen ist. Die Hütten bieten Platz für 14 bis 16 Leute, eine gemeinsame Küche mit einem kleinen Kerosinkocher und einem Tisch, an dem sechs oder sieben Leute Platz haben. Gus selbst wohnt auf einer Landzunge gegenüber dem Hafen, die nur mit dem Boot zu erreichen ist. Neuankömmlinge werden dort erst mal mit Schimpfwörtern angesprochen: „Du Dummkopf!" Wenn er spricht, fallen einem seine kaputten Zähne auf. Er zeigt uns seine Höhle, die er sich in all den Jahren eingerichtet und mit allen möglichen Fundstücken dekoriert hat: Einen Totenschädel, selbst konservierte Haifische, Walfischknochen, Fischernetze, ein Sägefischgerippe und viele Wunderlichkeiten, die das Meer im Laufe der Jahre angeschwemmt hat. Seine philosophischen Abhandlungen über das Gute und Böse in der Welt ermüden uns nach drei Stunden – und wir setzen wieder rüber zum Hafen, wo wir für das Abendessen einkaufen.

Vier junge deutsche Frauen helfen uns, das Essen zu bereiten. Sie sind zusammen drei Monate lang durch Peru und Ecuador gereist. Zwei von ihnen haben sich einen üblen Sonnenbrand geholt, weil sie dachten, man könne hier am Äquator bei bedecktem Himmel in der Mittagszeit stundenlang ohne T-Shirt rumlaufen.

Johannes geht mehrmals mit Barbara und Susanne an den Strand hinter der Landzunge gegenüber dem Hafen. Barbara scheint ihm zu gefallen – und ich drücke ihm die Daumen. Ich finde, sie würde zu ihm passen. Es ist eine verrückte Gegend, um jemand kennenzulernen: Seelöwen schwimmen im hellen Türkis des sauberen Hafens oder im Meer hinter der Landzunge, auf der Gus Angermeier wohnt. Aber die Freundschaften, die man als Rucksacktourist schließt, sind fast immer nur auf Zeit. Schade. Es war das erste Mal, dass ich gesehen habe, wie sehr Johannes sich bei einer Frau engagieren kann. Er ist im Kern nicht der Kopfmensch, für den ihn viele halten, weil er so belesen und so intelligent ist. Schon als ich im studentischen Kindergarten meinen Zivildienst abgeleistet habe und er mich ab und zu besucht hat, ist mir aufgefallen, wie einfühlsam er mit Kindern umgehen kann. Er hatte immer eine ganze Gruppe um sich, denen er Geschichten erzählt hat und mit denen er auf den Baum im Garten klettern konnte, um dort oben weiter zu erzählen. Die Kinder mochten ihn. Auch in Südamerika hat er oft mit Kindern gesprochen, sich lange mit ihnen unterhalten, wenn sie uns Schuhputzerdienste anboten. Ich denke, er wäre ein guter Vater geworden, und das, obwohl er selbst als Kind dermaßen schlechte Erfahrungen mit seinem Vater gemacht hatte, dass er nach dessen Tod seinen Anteil an der Erbschaft ausschlug. Lieber ging er während des Studiums und in der Zeit, in der er seine Doktorarbeiten schrieb, zu den Schnakenjägern in den Rheinauen, um sich dort sein Geld zu verdienen. Er war konsequent, beinahe stur, wenn er zu einer Einsicht gekommen war, die er für richtig hielt.

Aus seiner Beziehung zu Barbara ist leider nichts geworden, denn wir müssen weiterziehen. Man muss eine Crew zusammentrommeln, damit Sr. Gonzales, der Kapitän der „Gavi", seine Schiffstour beginnen kann, von der die vier deutschen Mädels so sehr geschwärmt haben. Natürlich können sie es sich nicht leisten, die Tour ein zweites Mal anzutreten. Schade!

Die „Gavi" kann neben Kapitän und Koch noch acht Passagiere an Bord nehmen. Bis zum Abend des dritten Tages sind wir zu siebt und

das reicht: Eddie und Sonja, ein Pärchen aus Los-Angeles, so um die
30. Chris, ein großer, hagerer Lehrer aus Santa-Barbara, Kalifornien,

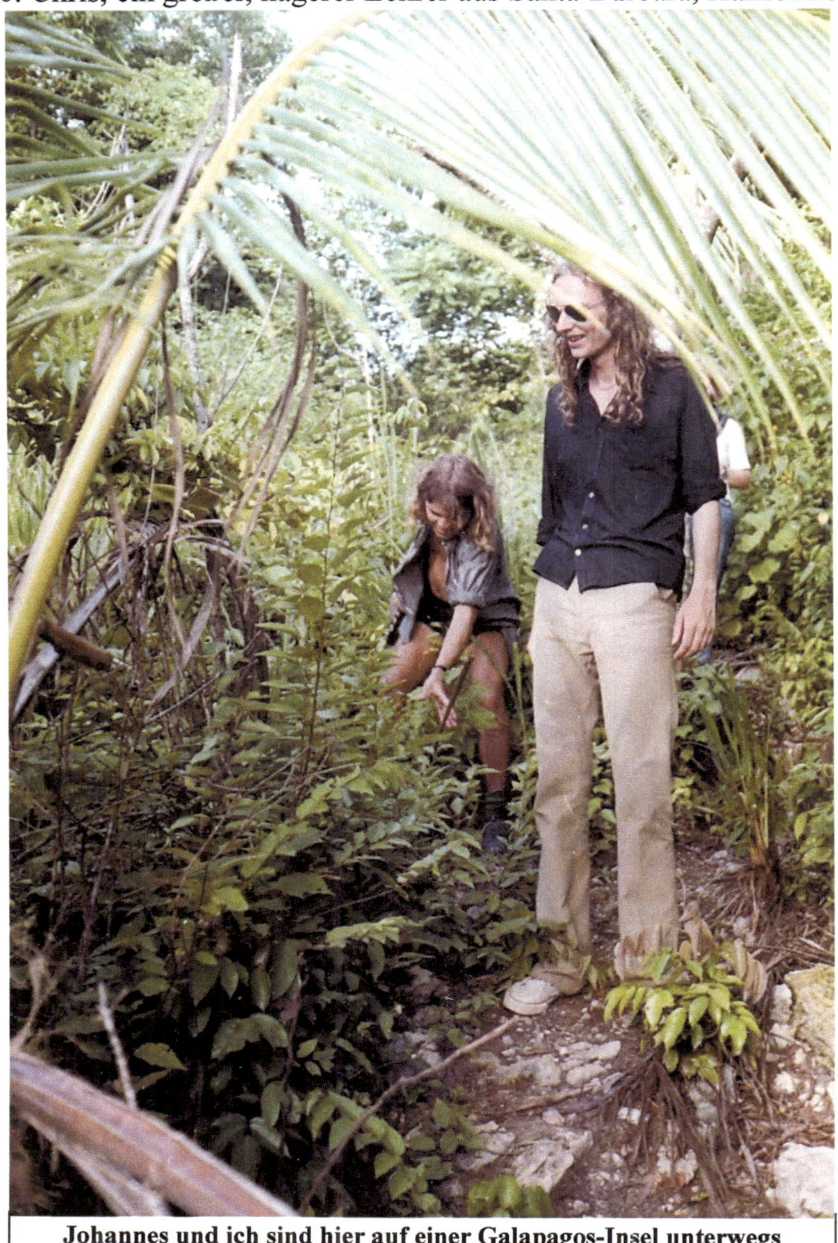

der gerade zwei Jahre in einer Privatschule in Kolumbien gearbeitet hat, dann noch ein Pärchen aus Paris, das Filmaufnahmen mit einer teuren 16mm-Kamera, Stativ und allerhand Ausrüstung machen will.

Kaum sind wir aus dem Hafen gefahren, wirft Carlos, der junge Koch, eine Leine mit einem Haken ins Wasser und zieht sofort einen dicken Thunfisch ins Boot. Kurz darauf werden wir von einigen Haifischen verfolgt, die vermutlich auf Reste warten, die Carlos über Bord wirft. Haifische seien hier im fischreichen Wasser so satt, dass sie keine Menschen anfallen. Menschen fallen angeblich nicht in ihr Beuteschema.

Man sollte eigentlich nicht so viel über derart extravagante Touren schreiben, denn das ist genau der Stoff, der im Gefolge von Rucksacktouristen wie uns den Massentourismus nach sich zieht. Es ist wie bei den preisgünstigen Stadtteilen, die ein uriges Klima bieten – und damit die Yuppies und mit ihnen die teuren „Sanierungen" nach sich ziehen. Und dann können genau die Leute es sich nicht mehr leisten, dort zu wohnen, die das urige Klima geschaffen haben. War es nicht auch ähnlich mit dem Internet? Anfangs voller Hoffnung auf die Demokratisierung der Information, auf die Utopie einer besseren Gesellschaft, weil man an den großen Medien vorbei selbst entscheiden könne, was man sehen wolle - und keine „gatekeeper" dazwischentreten. Dann kommt das große Geld, kommen immer mehr Menschen dazu, weil der Zugang vereinfacht und billiger wird. Das Internet wird zu einem „Volksmedium". Und das Volk zeigt Seiten, die man in dem Ausmaß nicht erwartet hätte. Plötzlich wird gemobbt und gestalkt, werden fake-news und „alternative facts" gestreut. Und aus ist es mit der Utopie. Ich vermute, alle neuen Technologien nehmen diesen Weg. Stopp! No politics!

Also weiter mit der Fahrt auf der „Gavi", von Insel zu Insel. Und jede Insel zeigt ein verschiedenes Gesicht, mal trocken und bedeckt mit Lava-Geröll, mal üppig bewachsen.

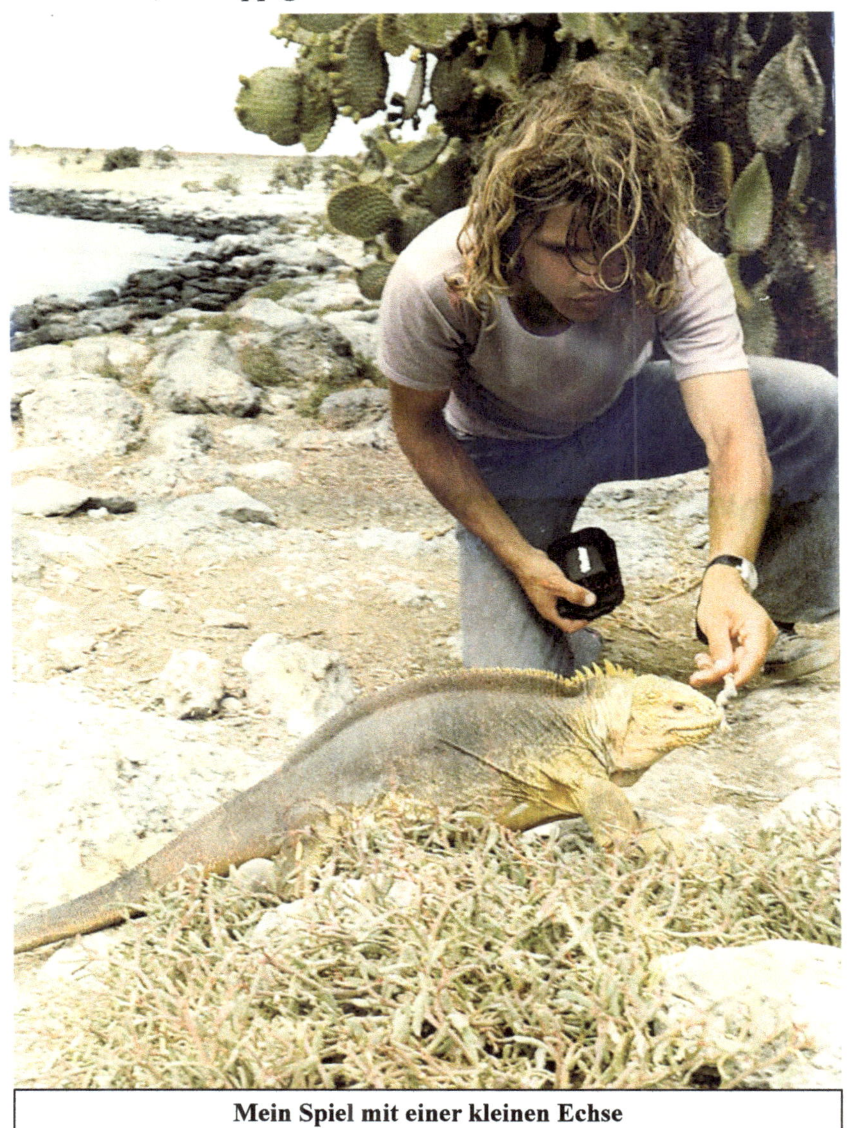

Mein Spiel mit einer kleinen Echse

Carlos, der Koch, ist hier geboren, aber er möchte sobald wie möglich weg, nach Kalifornien, wo seiner Meinung nach mehr los ist. Er schwärmt regelrecht von den USA, d.h. von dem Bild, das er von den friedlichen Rucksacktouristen vermittelt bekommt, die er hier kennenlernt. Ein solches Verhalten ist mir später noch öfter auf paradiesisch schönen Inseln begegnet, die für Aussteiger oder danach für Touristen attraktiv sind. Carlos ist 19 Jahre alt und hat lange schwarze Locken unter seinem breitkrempigen Strohhut; und wenn er lacht – und er lacht viel –, dann sieht man seine goldenen Plomben an den Schneidezähnen.

Lange Haare und Pop-Musik, das sind Importe durch Inselbesucher. Auf Santa-Cruz gibt es eine „Rocky-Bar" direkt am Meeresufer.

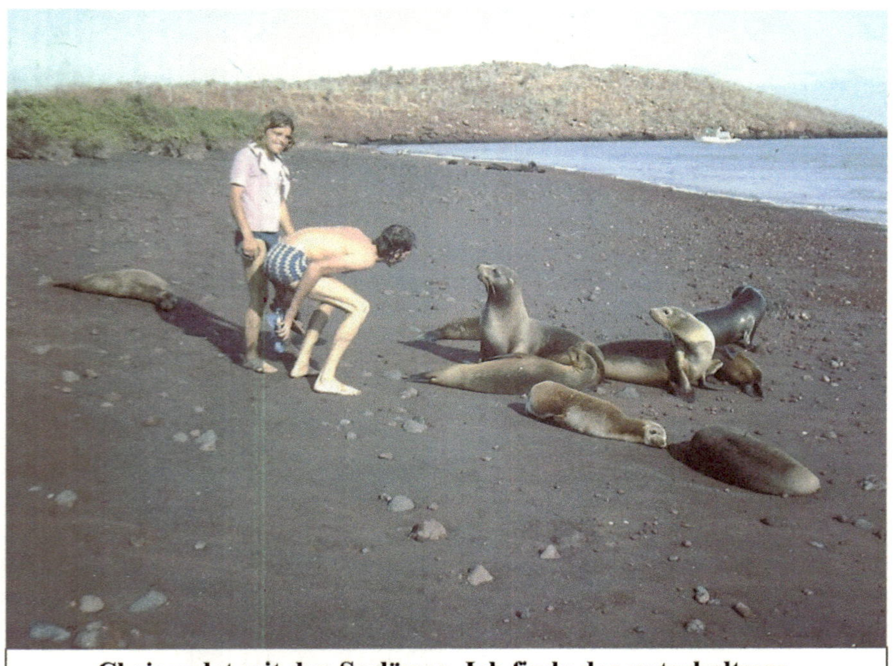

Chris redet mit den Seelöwen. Ich finde das unterhaltsam.

Ich finde es spannend zu sehen, wie wir bis auf den Reis, die Bananen und das Obst, das wir mitgenommen haben, unser Essen jeden Tag aus dem Meer holen. Vor allem das Tauchen von Carlos und dem Kapitän bei Nacht bringt einige Spannung auf, denn was würden wir machen, wenn sie nicht mehr auftauchten! Aber sie tauchen immer wieder auf mit ihren Unterwasserlampen, und sie werfen immer große Langusten an Bord, die wir als Zugabe zum Essen bekommen, das meist auch noch für den nächsten Tag reicht. Und vor dem Zubettgehen können wir uns noch schaurige Unterwassergeschichten vom Kapitän anhören.

Nur einmal werden wir mit den Touristen konfrontiert, die wir normalerweise meiden: Wie ein Spuk taucht die „Buccanero" auf, ein großes Touristenschiff, das nach dem Seeräuberfelsen benannt ist, an dem der Kapitän tags zuvor tauchend unsere Schiffssteuerung repariert hat, die aus irgendeinem Grund ausgefallen war. 50 Touristen fallen über den kleinen Sandstrand her, auf dem wir gerade noch mit Seelöwen gespielt haben. Ein junger Mann aus Quito stellt uns seine Freundin vor: „Look, that is a north american woman!" Wie bitte?!
Eine junge, deutsche Blondine, die von ihrer Mutter bewacht wird, fällt uns auf – und ich blödel mit Chris herum, wie wir uns heute Nacht auf ihr Schiff schleichen.
Von dieser sechstägigen Bootsfahrt gäbe es viel zu erzählen, aber ich will es hier mit ein paar Fotos bewenden lassen. Am späten Nachmittag des sechsten Tages fahren wir wieder in den Hafen von Porto Ayora ein. Wir verbringen noch vier weitere Tage auf Santa-Cruz, während wir auf unseren Flug warten, uns die Darwin-Station mit den Riesenschildkröten anschauen, zum Baden zwei Stunden lang zur Tortuga-Negra-Bay laufen, mit anderen Tramps reden oder in unseren Büchern lesen. Mit Eddie, Sonja und Chris, die einen Tag vor uns abreisen, tauschen wir Adressen aus. Wir werden sie in Kalifornien besuchen.

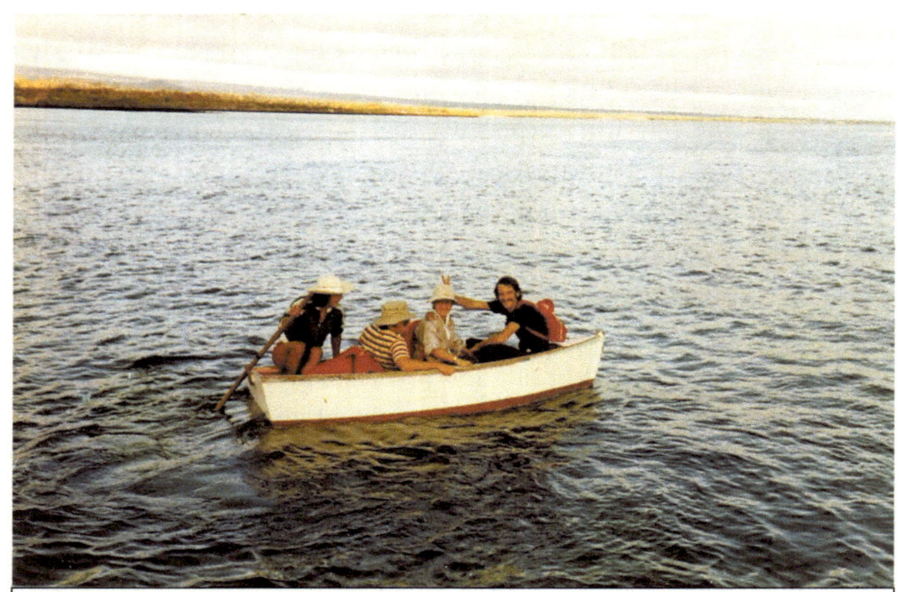

Abschied von Chris, Eddie und Sonja, die von Carlos zurück zum Flughafen auf die Insel Baltra gebracht werden.

Von Baltra aus fliegen auch wir zurück nach Guayaquil. Im Flugzeug neben uns sitzt eine derart schöne Mulattin, dass wir auf dem dortigen Flughafen Mühe haben, den Ausgang zu finden, während diese zierliche Frau an einem Schalter warten muss.

Von Guayaquil aus fahren wir mit einem altertümlichen Zug die steile Strecke hoch zu dem Marktflecken Riobamba. Ab und zu klettert Johannes hoch auf das Dach des Zuges, wo einige Indios voll bepackt mit Früchten sitzen, die sie in Riobamba verkaufen wollen. Und von Riobamba aus ziehen wir weiter nach Quito, „der schönsten Stadt Südamerikas".

Quito ist weniger verbaut als Lima, fast ein wenig kleinstädtisch, trotz der vielen Kirchen und dem riesigen Steinengel, der vom „Brötchenberg" herunterschaut auf die gut erhaltene Altstadt. Und in 3000 Meter Höhe ist die Luft auch klarer als in Lima. Wir übernachten im

„Gran-Casino" dem Gringo-Treff, der zugleich als Nachrichten-Umschlagsplatz für Reisende nach Norden oder nach Süden dient. Großes Hallo, als wir Bekannte aus unserem Peru-Trip treffen: Lidy und zwei Freunde, die in Bonn zu Hause sind. Johannes trifft sich ab und zu mit Lidy und auch mit einer dunkelhaarigen Frau, bei der es egal ist, ob man schüchtern ist, - während ich mit einer kleinen Französin zusammen bin: dunkelblonde Locken, auf eine fast noch kindliche Weise hübsch. Sie trägt bunte Socken, die an den Zehen einzeln ausgestrickt sind.

Sie zieht weiter nach Lima und wir ziehen weiter nach Norden, nach Otavalo, einem Marktflecken, an dem wohlhabende Indios leben: stolz, mit fein geschnittenen Gesichtern, die Männer in große, dunkelblaue Ponchos gehüllt.

Auf der Fahrt lese ich im „Heinrich von Ofterdingen", wie der junge Heinrich zuerst von einem Kreuzritter, dann von der schönen Izmiralda überzeugt ist. Aber dann wird die Landschaft draußen, je weiter wir nach Norden kommen, immer grüner und bewachsener – und zieht unsere Aufmerksamkeit an, als wir schwarzgescheckte Kühe sehen, als wären wir in der Schweiz, während die Sonne langsam untergeht, zu einem riesigen Feuerball wird, der die gegenüberliegende Bergkette anstrahlt, dann hinter dem Horizont verschwindet, den Himmel aber noch eine Weile in kräftigem Gold leuchten lässt, das einen rötlichen Ton annimmt. Ich werde aus dem Staunen gerissen, als der Bus plötzlich auf freier Strecke hält, weil einige Indios aussteigen wollen. Einer packt einen Sack – und ein Schwein fängt laut an zu quieken. Alle lachen. Kurz darauf erklärt uns der Busfahrer, wir hätten gerade den Äquator überquert.

In Otavalo erwischt es mich zum ersten Mal: Fieber und dermaßen Durchfall, dass ich eine Woche lang in einem von Flöhen befallenen Bett flach liege, während Johannes mir Essen, Trinken und irgendwelche Medikamente bringt. Keine Ahnung, was ich da geschluckt habe, aber es ging mir nach der Woche ganz plötzlich wieder gut – und wir gehen chinesisch essen. Auf alle Fälle meide ich danach Salate. In einer Bar verfallen wir wie verrückte Teeny-Poppers den Bee-Gees, die uns auch im weiteren Verlauf der Reise überall aus den Musikboxen entgegendröhnen.

Kurz nach 18:00 Uhr erreichen wir die kolumbianische Grenze bei Ipiales, die gerade dicht gemacht wurde. Wir dürfen zwar die drei Kilometer in die Stadt laufen, müssen aber wegen eines Stempels in den Pass, der eigentlich bereit liegt, aber offensichtlich nach 18:00 Uhr nicht benutzt werden soll, am nächsten Tag noch einmal zurück an die Grenze laufen! Seltsam, so viel Bürokratie hatten wir nicht erwartet.

Auch in Kolumbien werden wir mit Wahlen konfrontiert: Ein „Turbay" hat offensichtlich gewonnen, ein „Liberaler", was immer das auch hier heißt. Jedenfalls lesen wir an einer Hauswand den Spruch: „Turbay es la Mafia".

Wir bleiben aber dabei: No politica! Keine Politik!

Jeder der entgegenkommenden Tramps hat eine Story parat: Ein Deutscher wurde bei einer Bootsfahrt im Dschungel bis auf die Unterhose beraubt und am Flussufer ausgesetzt, wo er eine Woche lang auf das nächste Boot warten musste. Ein Japaner hatte aus Angst nur einmal in Kolumbien Station gemacht, wachte morgens in seinem Zimmer auf und fand nur noch Bettdecke und das Mobiliar vor. Ein Franzose, der kein Spanisch sprach, musste der Polizei mit der Hilfe von 150 Dollar erläutern, dass das Kokain, das man zu seiner Überraschung bei ihm fand, ohne sein Wissen ins Gepäck gelangt ist. Ob das alles stimmt, kann ich nicht beurteilen, aber für Unterhaltung war immer gesorgt. Und trotz aller Gruselgeschichten, die wir so nebenbei hören, ist Kolumbien das schönste Land auf unserer Reise. Nicht nur wegen der schönen Frauen in Cali, der Stadt, die wir nach einer Fahrt aus dem hochgelegenen Ipiales – ungefähr 3000 Meter tiefer gelegen - erreichen. In Erinnerung ist mir geblieben, dass auch hier infolge des Höhenunterschieds, wie schon in Peru, alle Bergflöhe abgesprungen sind.

In den tiefer gelegenen Regionen Kolumbiens sind die Menschen eher schwarz oder kaffeebraun. So viele hübsche Frauen wie in Cali habe ich nie wieder in meinem Leben gesehen. Man braucht sich nur in ein Straßencafé setzen und zu schauen. Ich empfinde das als himmelschreiende Ungerechtigkeit gegenüber den Verhältnissen in Deutschland.

Aber ansonsten hat uns Cali nicht gefallen – und wir sind weiter gezogen nach Popayán, eine mittelgroße, saubere und ruhige Stadt. Als Zwischenstation zu empfehlen, um sich von den Strapazen der Reise ein wenig zu erholen.

Aus der Stadt Popayan heraus geht es mit dem Bus lange Zeit auf einer kleinen Schotterstraße bergauf, bis in einen Bergurwald hinein, über dem sich, je höher wir kommen, ein immer dichterer Nebel zusammenzieht. Wenn überhaupt irgendwo, dann könnte hier der Anfang des „Nachtwaldes" liegen, von dem Tolkien in „Der kleine Hobbit" erzählt. Und gleich dahinter könnte es Trolle geben, also diese Riesen, die bei Sonnenlicht zu Stein erstarren, wenn sie vergessen, noch vor dem Morgengrauen in ihre Höhlen zurückzugehen. Und um das Schreckenskabinett zu ergänzen: Hinter den weiter oben gelegenen dunklen, nebelumhüllten Felsen könnten die fürchterlichen Orks hausen.

Als es wieder bergab geht, kommen uns Fahrzeuge entgegen, die wir wegen der geringen Straßenbreite nur im Schritttempo passieren können. Der Busfahrer nutzt dabei ab und zu die Gelegenheit für ein kleines Schwätzchen mit dem anderen Fahrer.

Kleine Bäche fließen eine Zeitlang neben der Straße her, die Nebelstellen werden seltener und weiter unten bricht auf einmal die Sonne durch. Lindgrüne Wiesenstücke sind zu sehen, mit Moosflächen und verknorrten Bäumchen. Das wäre dann das Land der Elfen. Kein Tolkien-Kenner würde das bezweifeln.

Je tiefer wir nach unten gelangen, desto wärmer wird es. Bananen-
stauden tauchen auf und vereinzelte Häuser mit Stroh- oder Schilf-
dächern.

Wir sind bereits fünf Stunden unterwegs, als sich das Tal weitet – und
der Busfahrer unvermittelt anhält. Wir seien hier am Ziel. „Das Kreuz
im Inneren des Landes", so heiße diese Haltestelle. Er zeigt auf den
Beginn eines Fußwegs, der durch die Wildnis in ein Dorf führen soll
und fährt weiter in Richtung Osten.

Das winzige Dorf, das wir zu Fuß tatsächlich erreichen, heißt „San-
Andres de Pisimbalá" und liegt auf der Strecke nach San-Augustín.
Wir haben Glück, dass ein Indio-Junge namens Edgar die gleiche
Strecke gehen muss. Er kommt nur alle drei Monate zurück aus
Popayán zu seinen Eltern und kennt sich gut aus in der Gegend. Mit
ihm finden wir nach einer Stunde zum Dorf, wo er uns ein „Restaurant" zeigt, in dem wir auch übernachten können. Wir verabreden uns
für den nächsten Tag, wo er uns Indio-Gräber zeigen und einheimische Traditionen erklären will.

Es ist schon Nacht, Johannes und ich werden langsam müde, da tritt
ein Pärchen in die Kneipe: Ein bärtiger US-Amerikaner aus Boston
und eine ungefähr 25-jährige Inderin mit langen schwarzen Haaren
und einem winzigen, goldenen Nasenring, der ihr gut steht. Sie heißt
Neero und ist die Tochter eines indischen Diplomaten in Bogotá. Wer
sich so weit draußen trifft, hat sich viel zu erzählen, vor allem weil es
keine Medien zur Ablenkung oder zur Unterhaltung gibt. Die beiden
waren vor kurzem im Norden Kolumbiens in ein kleines Fischerdorf
gekommen, das sehr hübsch aussah. Mit der Zeit aber stellten sie fest,
dass es viele Männer gab, denen ein Arm oder eine Hand fehlte. Die
beiden fragten nach, wieso das so sei. Man sagte ihnen, dass die
Fischer dort mit kleinen Sprengminen arbeiten, die sie ins Wasser
werfen, die aber oft so primitiv gebaut sind, dass sie zu früh
explodieren. Dennoch will keiner von dieser beim Fischen effektiven

Methode abgehen. Es gibt dort sogar Männer, denen beide Arme fehlen. Die werfen ihre Sprengsätze dann mit dem Mund – und holen auch die Fische mit dem Mund aus dem Wasser. Ich frage mich, ob das alles so stimmen kann. Wenn nicht, dann ist das zumindest eine schöne Parabel über die nur schwach ausgeprägte Lernfähigkeit von Menschen oder über die Gefahren, die entstehen, wenn man ohne Bildung an moderne Techniken kommt? Vielleicht ein Mangel an Bildung, wie er auch trotz des Wissens über Techniken und Technologien auftreten kann?

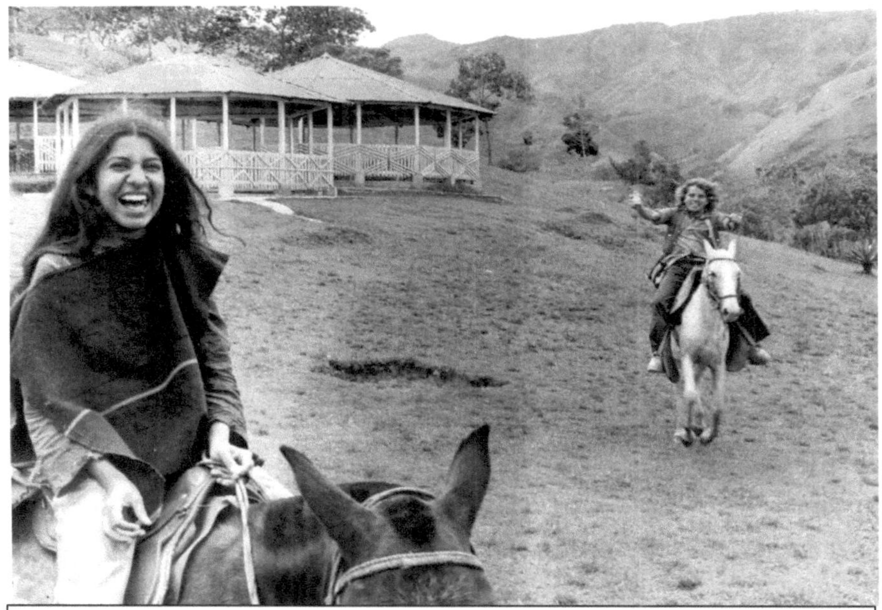

Im Galopp mit „Malboro", einem Schimmel, den Hang hinunter

In diesem kleinen Dorf kann man für wenig Geld Pferde mieten – und so reiten wir jeden Tag aus, wobei uns Edgar die Gegend zeigt, die Pflanzenwelt erklärt und uns an die über 1000 Jahre alten Grabstellen führt. Das Pferd, das ich am zweiten Tag nehme, einen dunkel gesprenkelten Schimmel, taufe ich „Malboro".
Einmal sind wir weit ausgeritten, zunächst runter ins Tal, dann durch einen Bach, in dem die Pferde lange saufen. Schließlich einen langen

Pfad entlang durch dichtes Buschwerk, das zum Glück erst zwei
Meter rechts und links des Pfades beginnt. Etwas bange ist mir vor
den Korallenschlangen, die es hier überall geben soll. Nach einiger
Zeit führt uns Edgar unvermittelt steil nach oben. Kaffeesträucher
schlagen uns ins Gesicht und wir müssen langsam machen.

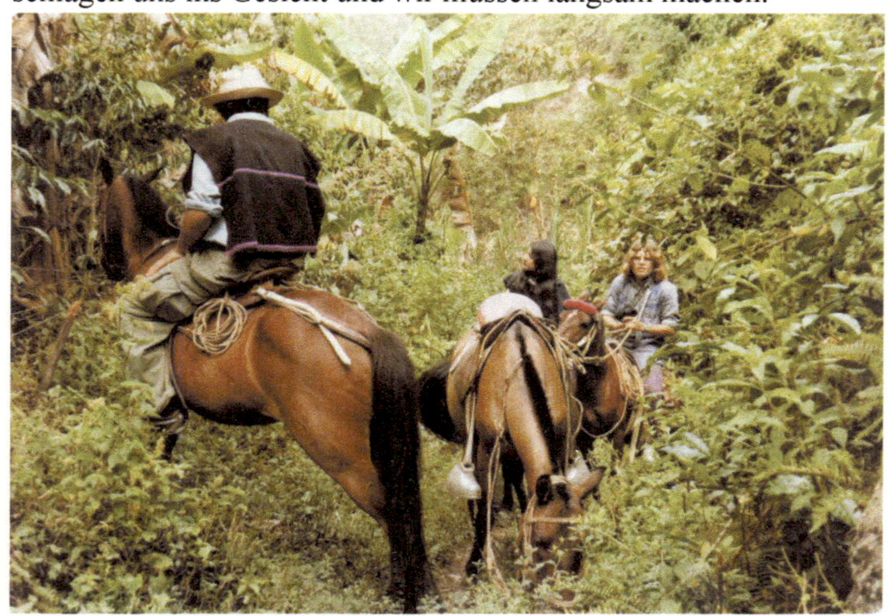

Es ist schon Spätnachmittag, als wir in eine steile, felsige Gegend
kommen. Die Sonne scheint immer noch heiß und ich wundere mich
über die Ausdauer der Pferde. Auf einmal macht Edgar unter dem
Gipfel eines Berges Halt, steigt ab und wir folgen ihm zu Fuß ein
wenig seitlich des Pfades hinauf an eine Stelle, an der eine steil nach
unten führende, schmale und mit spitzen Steinen verzackte Höhle zu
sehen ist. Dazu gibt es dann folgende Überlieferung:
Vor langer Zeit einmal hat hier ein Jäger ein Tier gejagt und sein Hund
hat ihm bellend angezeigt, das Tier sei hier unten in die Höhle
gelaufen. Deren Eingang soll damals größer gewesen sein. Nach
einigem Zögern ist der Jäger nachgekrochen, bis er auf einmal in
einer weitaus größeren Höhle steht, wo er in schwachem Licht ganz

weit hinten ein goldenes Pferd und einige andere goldene Figuren sieht. Sowie er nun aber das goldene Pferd aufhebt, um es mitzunehmen, stürzt der Eingang der Höhle bis auf einen schmalen, verwinkelten Spalt zusammen. Der Hund steht bellend vor der Höhle. Und als nach einiger Zeit Menschen vorbeikommen, können sie zwar noch den Jäger hören, schaffen es aber nicht, die schweren Felsen zur Seite zu bewegen. Und so musste der Jäger schließlich verhungern. – Seitdem hat sich der Eingang der Höhle durch Erdverschiebungen wieder vergrößert, aber kein Mensch wagt sich bis heute nochmal nach unten.

Die Indios sind ein wenig abergläubisch, gehen beispielsweise hier nachts nach 24:00 Uhr nicht mehr aus dem Haus. So stehen wir aufgeklärten Menschen nun vor dieser Höhle und könnten nach unten klettern. Aber das wagen wir dann doch nicht und reiten wieder zurück, um noch vor der Dunkelheit durch den Busch zu kommen.

Mitten in der Nacht werden wir von lautem Hundegebell geweckt – und schon vor sechs Uhr scheint in dem muffigen Hotel außer uns kein Mensch mehr schlafen zu wollen. Wir frühstücken ein letztes Mal zusammen mit Steve und Neero, die sich dann verabschieden und den Bus nach Bogotá nehmen.

Zwei Stunden später fahren auch wir los. Johannes sitzt ganz hinten im Bus, zwischen mehreren Indios eingeklemmt, ich ganz vorne neben einer dicken Indio-Frau, auf deren Schoß ein kleiner Junge herumhampelt. Sie hat ihn auf den Schoß genommen, um mir Platz zu machen. Die Fahrt nach San-Augustin dauert fünf Stunden.

Dort treffen wir auf einen alten Bauern, der uns zwei Pferde überlässt, auf denen wir ihm zu einem über zwei Kilometer vom Dorf entfernten, kleinen Bauernhof folgen, der nicht weit weg von den historischen Felsen liegt. Dort gibt es weder elektrisches Licht noch sonst irgendwelchen Luxus. Wir setzen uns am Nachmittag unter das Vordach seines Hauses und lauschen dem Grillengezirpe und den fremdartigen Vogelstimmen, während sich langsam tiefhängende

Regenwolken und dichte Nebelschwaden in das unter uns liegende Tal schieben und die dahinterliegenden grünbewachsenen Berge verdecken. Währenddessen verstummen die Geräusche der Natur, bis sich der Regen verzieht und die Natur wieder erwacht: Kolibris flirren von Blume zu Blume in der allmählich schwächer werdenden Nachmittagssonne.

Dann wird es dunkel und Konstatin, der alte Bauer, stellt zwei Kerzen auf den Tisch. „Raucht ihr?" fragt er, während sich seine Frau auch zu uns setzt. Johannes nickt. Wir haben uns noch lange unterhalten – und sind danach friedlich eingeschlafen.

Wie soll es jetzt weitergehen? Das fragen wir uns nach ein paar Tagen. Auf alle Fälle wollen wir nach Bogotá – und dann mit dem Flugzeug nach Norden, um irgendwie zu den bekannten indianischen Ruinen in Guatemala und Mexiko zu gelangen. Und danach nach San-Diego, wo wir auf ein Treffen mit Herbert Marcuse hoffen, der der Meinung ist, man könne die kapitalistische Welt von den Rändern her verändern – und die Studenten spielten dabei eine große Rolle. Eine letzte Abrechnung mit unserer Vergangenheit, die wir hinter uns lassen wollen!

Warum gerade Johannes?

Johannes Harnischfeger war einer der intelligentesten Menschen, die ich in meinem Leben getroffen habe. Was ihn von anderen unterschied?

- Er war kein Sprücheklopfer, wie ein J. Schmierer vom „Kommunistischen Bund Westdeutschlands" (KBW), der Italo-Western liebte - oder wie unser früherer Außenminister J. Fischer, der mit seinem Machtinstinkt und dem Geist der Rebellion die Grünen eroberte. Beide hatte es von ganz unten nach oben gedrängt, und für beide bedeutete Wissen immer auch Macht über andere. Noch Jahre später waren diese früheren Rädelsführer weitgehend unkritisch gegenüber ihrer Vergangenheit. Johannes dagegen war völlig uneitel und zurückhaltend, nahm seine Worte und sein Wissen fast ein wenig zu ernst.

- Er musste sich nicht Adrenalin ins Blut pumpen, um ein Argument vorzutragen, wie z.B. Claudia Roth, die aus der Werbebranche zu den Grünen kam. Frau Roth erinnerte mich an einen bunten Pfau, der sich aufplusterte, wenn er andere erschrecken wollte. Und als Kind hatte ich immer Angst vor diesen Tieren, wenn sie in Rage kamen. Es gab noch mehr solche Leute bei den Linken damals, die andere weniger mit irgendwelchen Argumenten als mit einer gut gespielten Empörung überrumpelten. Johannes konnte die stärksten Argumente „cool" rüberbringen – jedenfalls in der Zeit vor seinen schlimmen Erlebnissen in Afrika.

- Johannes hatte eher als ich ein Gespür dafür, dass die Zeit des Aufbruchs unserer Generation zu Ende ging – und dass wir nicht besonders gut geeignet waren, als Apparatschiks in irgendwelchen Organisationen unterzutauchen. Ein Rest von Rebellion und ein Rest der Haltung der Hippie-Bewegung hielt uns davon ab.

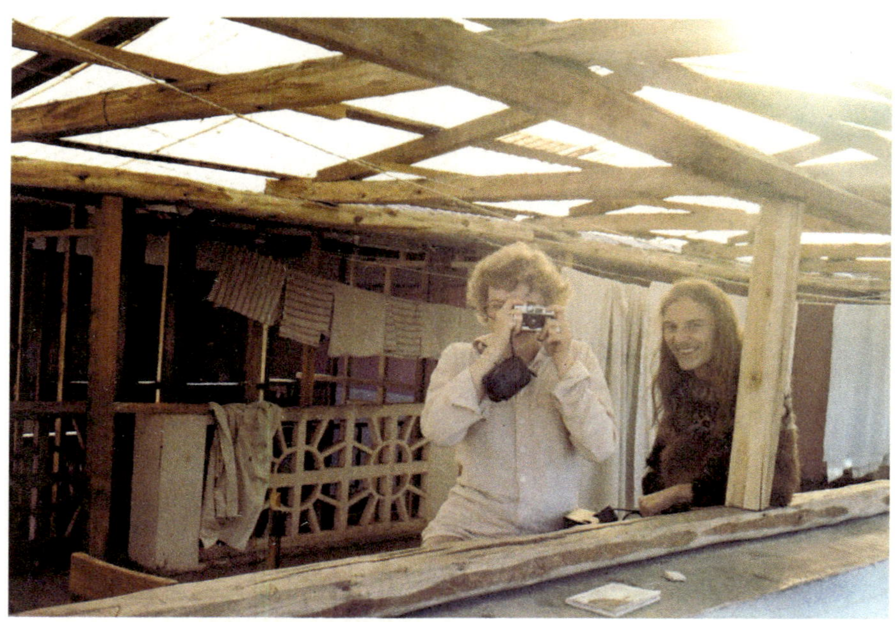

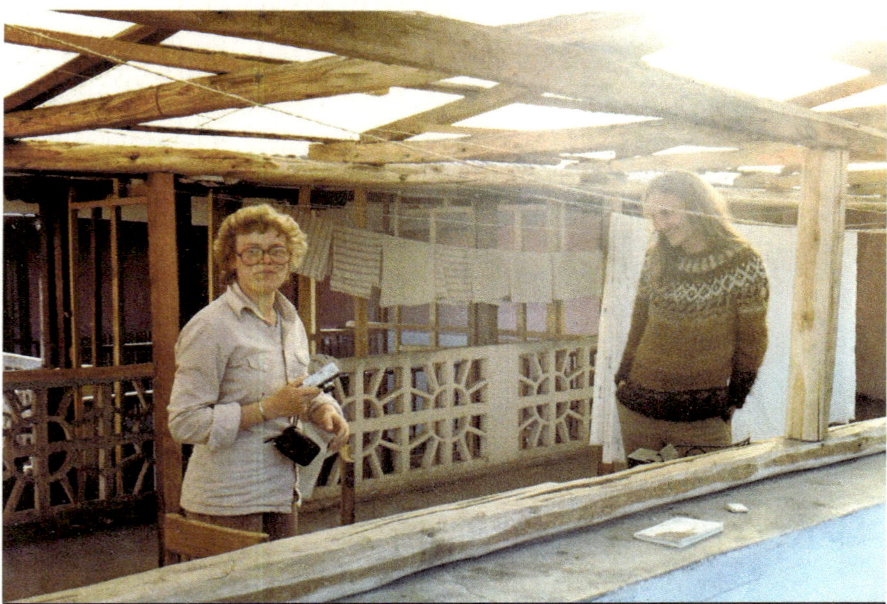

Johannes und Lidy im „Grand Casino" in Quito
Lidy fotografiert, weil ich sie fotografiere.

ISBN: 978-3-7482-9965-3

6. Die Geschichte der Firma RAUCH

- erzählt von ehemaligen Mitarbeitern

ISBN: 978-3-7497-3765-9

7. „Neuenheim ist halb Europa" - Film und Buch zur Eingemeindung Neuenheims vor 100 Jahren. (1. Auflage 1990)

- Die Eingemeindung in die Stadt Heidelberg.
- Neuenheim wird Stadtteil von Heidelberg. Gespräch mit Otto Jaeger und Ludwig Merz.
- Gespräch mit Professor Dr. Helmut Krauch.
- „Und plötzlich war die Klasse judenfrei."
- Statistik aus dem Stadtplanungsamt (1989)
- „Neuenheim ist halb Europa". Erinnerungen zweier Neuenheimerinnen.
- Filmtext (deutsch).
- Filmtext (französisch).
- Der Neckar bei Heidelberg. Gespräch mit Heimatforschern: https://www.youtube.com/watch?v=zMfJp- G YVA

oder: www.zeiler.me

8. „Die Elsenz und der Kraichgau" (2011)

- Die geographische Lage
- Über die Geschichte der Region
- http://www.zeiler.me/detlef/projekte/die-elsenz-und-der-kraichgau
- https://www.youtube.com/watch?v=xaMXUxUg3iw

9. „In einem kühlen Grunde". Geschichten aus dem alten Rohrbach.

- (Filmbeitrag aus dem Jahre 2014) https://www.y-outube.com/watch?v=AOIeXWcwe-1

10. **Geschichten aus dem alten Rohrbach im 2. Weltkrieg und nach dem** Krieg. Filmbeitrag aus dem Jahre 2015: https://www.youtube.com/watch?v=B8ozX05lG50

11. **Heidelberg im Mittelalter – ein heimatkundliches Projekt.** 4. Auflage. ISBN: 978-3-6860-8 (Paperback)

Die vielen Veröffentlichungen von **Johannes Harnischfeger** kann man leicht mit einer Suchmaschine im Internet finden.